DIE 33 STRATEGIEN EINER ERFOLGREICHEN FÜHRUNGSKRAFT

PAUL WEILAND

Haftungsausschluss

Die in diesem Werk enthaltenen Informationen dienen zu Bildungs- und Unterhaltungszwecken. Es wurden alle Anstrengungen unternommen, um genaue, aktuelle, zuverlässige und vollständige Informationen zu liefern. Es werden jedoch explizit keine rechtlichen, finanziellen, medizinischen oder professionellen Ratschläge erteilt. Der Herausgeber ist unter keinen Umständen für direkte oder indirekte Schäden verantwortlich, die durch die Verwendung der in diesem Werk enthaltenen Informationen entstehen.

Externe Links

Das Werk enthält Links zu externen Webseiten Dritter, auf deren Inhalt der Herausgeber keinen Einfluss hat. Deshalb kann für die Inhalte externer Inhalte keine Gewähr übernommen werden. Für die Inhalte der verlinkten Webseiten ist der jeweilige Anbieter oder Betreiber der Webseite verantwortlich. Die verlinkten Seiten wurden zum Zeitpunkt der Verlinkung auf mögliche Rechtsverstöße überprüft. Rechtswidrige Inhalte waren zum Zeitpunkt der Verlinkung nicht erkennbar. Eine permanenete inhaltliche Kontrolle der verlinkten Webseiten ist jedoch ohne konkrete Anhaltspunkte einer Rechtsverletzung nicht zumutbar. Bei Bekanntwerden von Rechtsverletzungen werden derartige Links umgehend entfernt.

INHALTSVERZEICHNIS

DIE 5 STRATEGIEN DER EFFIZIENTEN ZIELSETZUNG

Egal wie alt oder jung, arm oder reich, schön, berühmt oder mächtig wir auch sein mögen, es gibt etwas auf der Welt, an dem all das Geld oder selbst unser Status in der Gesellschaft nichts ändern können: nämlich unsere Vergangenheit. So sehr wir es auch versuchen, Fehler von vor einigen Jahren wiedergutzumachen und uns bei unserem Expartner zu entschuldigen, das Jobinterview doch besser zu bestreiten oder viel mehr für diesen einen wichtigen Test zu lernen – vergangen ist vergangen, und daran lässt sich nichts mehr ändern. Worauf wir aber Einfluss haben, ist unsere Gegenwart und dadurch auch unsere Zukunft. Schließlich sollten wir ja aus unseren alten Fehlern lernen und uns auf die nächste Prüfung doch besser vorbereiten, oder nicht? Aber wie kommt es dann, dass wir, obwohl wir unsere Fehler teilweise stark bereuen und uns auch fest vornehmen, aus diesen zu lernen, immer und immer wieder dieselben Fehlentscheidungen treffen? Wie kann es sein, dass wir nach wie vor das Ziel verfehlen und sich lediglich die Art und Weise ändert, in der wir versagen?

Obwohl es einigen Menschen an Antrieb fehlt oder sie sich im Leben tatsächlich verloren fühlen und keine Ahnung haben, wo sie als Nächstes hinsollen, ist es keineswegs so, dass die meisten von uns nicht wirklich Ziele haben, die sie verfolgen möchten. Vor allem Ihnen als Führungskraft sollte schließlich genau bewusst sein, wo sie in einem Monat stehen möchten. Es ist also nicht die Perspektive, die uns fehlt, sondern der Weg.

Wenn wir nun also über Zielsetzung diskutieren, scheint es, als ob wir unsere Zeit damit verschwenden. Das Ziel ist ja klar. Aber ist es das wirklich? Denn was die meisten vergessen – oder schlimmer noch: vielleicht sogar niemals wussten – ist, dass ein klares, gut formuliertes Ziel ähnlich schwer *nicht* zu erreichen ist, wie es nahezu unmöglich ist, zu vergessen, zu atmen. So gesagt: Es ist wirklich sehr unwahrscheinlich.

Man kann es sich so vorstellen: Das Setzen richtiger Ziele ist, wie das Lesen zu erlernen. Vor allem, wenn man erwachsen ist, schämt man sich, dass man diese „elementare Kompetenz" nicht zu haben scheint. Allerdings ist es kein Geheimnis, dass jeder das Lesen erst lernen muss, bevor er es kann. Ähnlich ist es mit dem Ziele Setzen. Die meisten wollen es können – und viele denken auch, sie könnten es intuitiv. Doch die Wahrheit ist, dass man einige Zeit investieren muss, um diese Fähigkeit zu erlernen. Auch wenn es wenig Zeit und noch weniger Aufwand ist, möchten viele lieber weiterhin ihre Ziele selbst formulieren und geben sich so der Illusion hin, dass sie einfach anders sind als alle anderen. „Das bin ich, und für mich funktioniert das individuell" – so lautet dann das Motto. Aber die Frage nach den persönlichen oder geschäftlichen Zielen ist weitaus nicht so individuell, wie man womöglich denkt. Mehr oder minder setzen wir uns alle ähnliche Ziele, was schlicht und ergreifend daher rührt, dass einige Werte in unserer Gesellschaft so verankert sind, dass wir sie alle erreichen wollen. Vielleicht ist der Weg, um reich zu werden, anders als bei einigen anderen, doch das Endziel bleibt dasselbe, wenn Sie verstehen. Um genau zu sein, tun wir nichts weiter, als uns ähnliche Ziele setzen, seit wir denken können. Das Einzige, was sich innerhalb unserer Lebenszeit verändert, ist die Reichweite der Ziele. Schon wenn wir sprechen lernen, kann man leicht solche Miniziele entdecken. Es mag ein vergleichbar winziges Ziel sein, aber für ein Baby ist es durchaus eine wichtige Mitteilung, wenn es der Mama sagen möchte, dass sie ihren blöden Spinat alleine essen soll und das Schokoeis viel besser schmeckt (oder was auch immer Babys denken)! Was wir an diesem zugegeben fast schon lächerlich kleinem Ziel aber sehen können, ist, dass es viele Kriterien erfüllt, die andere Ziele vielleicht nicht erfüllen. „Wir müssen unser Projekt so schnell wie möglich beenden!" versus „Ich muss Mama jetzt die Sache mit dem Eis erzählen, um endlich mal was Ordentliches zu essen zu bekommen!". Auch wenn das erste Ziel sehr viel professioneller und definitiv relevanter hinsichtlich Ihrer Situation klingt, ist es keine Frage, welches der beiden Ziele Sie wohl noch nicht erreicht haben. Die Quintessenz dieses Beispiels ist also, Ihnen zu zeigen, dass Sie sich keinesfalls schämen müssen, zuzugeben, dass Sie noch kein Profi im Formulieren von Zielen sind. Das ist okay – denn wie bei so vielen Sachen, kann man auch hier enorm viel falsch machen. Da ist man zu kleinkariert, dort zu unspezifisch. Vielleicht verwirrt das ausformulierte Ziel auch, weil es völlig anders aussieht, als man es sich vorgestellt hat. Oder man beginnt zu arbeiten und verliert allmählich den roten Faden, nur um dann festzustellen, dass man an einer völlig falschen Stelle angelangt ist.

Egal wie wichtig uns das Ziel auch sein mag – wenn wir die Motivation verlieren, keine Zeit mehr haben oder von Anfang an nicht wissen, wie wir unser Ziel erreichen sollen, gibt es keinen Weg, ordentliche und qualitativ hochwertige Arbeit leisten zu können. Genau deshalb ist es alle Zeit der Welt wert, zu lernen, wie man Ziele setzt, und zu unterscheiden zu wissen, welche Ziele sich mit Leichtigkeit erfüllen und welche Jahr um Jahr zu nichts führen werden.

Aber keine Sorge: So viel, wie man bei der Zielsetzung auch falsch machen kann, so viele Vorteile gibt es auch, wenn man seine Ziele richtig gesetzt hat – was genau der Grund ist, warum Sie Ihre Zeit darin investieren sollten, dies von Grund auf ordentlich zu erlernen.

Der Vorteil bei der Zielsetzung gegenüber nahezu jedem anderen Bereich unseres Lebens – der in irgendeiner Weise effektiv ist und nichts mit dem Essen von Fastfood oder Ausschlafen zu tun hat: Die Vorteile oder Belohnungen lassen sich sofort erkennen. So zum Beispiel ist eine Folge eines richtig gesetzten Zieles, dass wir nicht lange rätseln müssen, wie und wo wir am besten mit der Arbeit beginnen. Das Ziel verrät es uns. Wir wissen durch unser Ziel im Idealfall aber nicht nur, wie wir anfangen. Denn wenn wir das Ziel detailliert betrachten, sollte sich davon ausgehend ohne große Schwierigkeiten ein kompletter Plan erstellen lassen. Wir sollten in der Lage sein, all jene Faktoren zu erkennen, durch die unser Projekt steht oder fällt. Zum Beispiel, welche Beteiligten in das Projekt einzuplanen sind, wie viele Ressourcen, wie viele Geldmittel, wie viel Zeit uns zur Verfügung stehen – und in welcher Reihenfolge es sinnvoll ist, das Vorhaben anzugehen.

Viele Dinge, die uns zu Beginn eines Projektes Kopfzerbrechen bereiten, sind durch die richtige Zielsetzung mehr oder minder bereits von uns vorbereitet worden und erleichtern die Erstellung eines „Schlachtplanes" maßgeblich. Da Projektpläne wirklich umständlich und komplex zu erstellen sind, sparen Sie so der Firma viel Zeit und Geld und verringern erheblich die Chancen, dass Sie sich verplanen und das Projekt zurückwerfen oder gar verfehlen. Daraus lässt sich direkt ein zweiter wichtiger Vorteil ableiten, den uns korrekte Zielsetzung bringt: eine solide Kontrolle über unsere Zeit. Viele Pläne scheitern, weil man sich zu viel oder zu wenig Zeit gelassen hat oder eventuell gar keine Ahnung hat, wie viel Zeit einzuplanen sich lohnen wird. Anhand richtiger Ziele sind Sie jedoch in der Lage, viel einfacher einen Projektplan zu erstellen, der Ihnen genaue Auskunft über mögliche Deadlines gibt. Das ermöglicht Ihnen nicht nur eine bessere Planung des Projektes, sondern auch die stetige Kontrolle über Ihre Projekte. Das Ziel kann Ihnen zudem verraten, wie viel Arbeit zu welchem Zeitpunkt erledigt sein muss und mit welchen Ergebnissen sich wann rechnen lässt.

Anhand dieser einfachen Maßstäbe ist es Ihnen möglich, innerhalb des Projektes besser zu planen sowie Qualitätskontrollen durchzuführen und aufzuzeigen, ob Sie noch auf dem richtigen Weg sind. Womöglich verrennen Sie sich in Details oder verlassen sich zu sehr auf Allgemeines und vernachlässigen die Details? Hieran können Sie jegliche Fehler schnellstmöglich erkennen, bevor ein größerer Schaden angerichtet ist. Das birgt in sich den größten und wesentlichsten Vorteil, den es uns bringen kann, unsere Ziele sorgfältig zu planen: die Zeitersparnis. Schließlich ist genau dies das Ziel jeglicher Planung: unsere Ziele so schnell wie irgend möglich zu erreichen. Wenn wir unseren Projektplan einfach erstellen können und Fehler vermeiden, wenn wir direkt einen Arbeitsansatz erkennen und sofort mit zielgerichteter Arbeit beginnen können, dann spart das enorm viel Zeit ein. Ergo, wir erreichen unsere Ziele viel schneller und sicherer, als wir es ohne das richtig geplante Ziel getan hätten. Diese Zeitersparnis zieht einen weiteren Effekt nach sich, der Ihnen für alle weiteren Projekte behilflich sein kann: Sehen wir schließlich, dass wir unsere Ziele erreichen und das auch noch schnell und ohne große Komplikationen, dann ist das für uns sehr motivierend. Auch Ihre Mitarbeiter werden von diesem Motivationsschub profitieren und die richtige Grundstimmung auch für das nächste Projekt beibehalten können.

Nachdem uns also bewusst geworden ist, welche Vorteile ein gutes Ziel mit sich bringen kann, stellt sich nun die wichtige Frage: Wie können wir es schaffen, ein solches Ziel selbst zu formulieren. Welche Maßstäbe müssen erfüllt sein, damit man von einem gut formulierten Ziel sprechen kann? Anhand welcher Parameter kann ich meine Ziele konkretisieren und umgestalten, um bestmögliche Erfolge nicht nur für mich, sondern auch mein Team erzielen zu können? Und wie lassen sich private und vor allem geschäftliche Ziele in realisierbare Nähe bringen – allein durch eine strukturierte Zielvorgabe?

Um sich dessen genauer bewusst zu werden, nehmen wir uns die sogenannte „SMART"-Methode vor und untersuchen deren einzelnen Bestandteile gründlicher. Besagte Methode gibt uns fünf spezifische Schritte, ein Ziel aufzubauen, die uns zwingen, Stück für Stück mit uns und unserem Vorhaben konkreter zu werden, um genauestens definieren zu können, was wir eigentlich wie erreichen wollen. Wir gehen dazu jeden der fünf Schritte einzeln und detailliert gemeinsam durch, um zu lernen, wie uns der jeweilige Schritt im Gesamtbild der Zielerfüllung weiterhelfen wird, wie wir ihn in unsere persönlichen Ziele integrieren können und anschließend auch, was der Grund ist, der diesen Schritt so effizient und essenziell macht. Im Anschluss ist es an der Zeit, das gelernte Wissen zu testen – denn wie wir alle wissen: Übung macht den Meister. Dazu wird Ihnen zunächst ein gut geplantes Ziel aufgezeigt, und Ihre Aufgabe wird es sein, herauszufinden, welche der fünf „SMART"- Schritte in diesem Beispiel wo wiederzufinden sind und inwiefern deren Integration die Zielerfüllung erleichtern kann. Auch ein schlechtes Beispiel wird Ihnen gezeigt, und Sie werden nun selbst in der Lage sein, die Fehler zu erkennen und das Ziel umplanen zu können. Zunächst wollen wir aber mit den einzelnen Bestandteilen der bewährten „SMART"-Methode beginnen und diese zum genaueren Verständnis einzeln betrachten.

Wofür steht denn „SMART" eigentlich?

Der Name teilt sich auf in die einzelnen Bestandteile: spezifisch, messbar, attraktiv, realistisch und terminiert.

1. Spezifische Zielsetzung

Der Punkt, spezifisch zu sein, scheint zunächst klar und relativ selbsterklärend. Ich meine, wir stecken uns schließlich keine Ziele, die nicht deutlich sind … Oder vielleicht ja doch? Erstaunlicherweise – so einfach es auch scheint, sich ein spezifisches Ziel zu setzen – scheitern viele doch genau daran, überhaupt selbst zu wissen, was sie eigentlich erreichen wollen. Zusätzlich erliegen viele dem Trugschluss, „spezifische Ziele" seien diejenigen, von denen wir selber wissen, was wir damit gemeint haben. Allerdings bedeutet Spezifität nicht nur, dass wenigstens einer weiß, worum es geht, sondern dass unsere Pläne klar auf den Punkt gebracht werden. Das heißt, dass diese in jedem Fall auch von Dritten leicht verständlich und logisch nachvollziehbar zu sein haben. Das ist vor allem dann wichtig, wenn wir nicht vorhaben, das Ziel alleine zu erreichen, sondern zum Beispiel auf der Arbeit mit dem gesamten Team zusammenarbeiten müssen, um der Zielerfüllung auch nur ein bisschen näherkommen zu können.

Um dieses Problem des „Nicht-Spezifisch-Seins" ein wenig zu verdeutlichen, nehmen wir uns ein beliebtes (Nicht-)Ziel vor. So bringt es uns gar nichts, wenn wir uns vornehmen, dass wir „in unserem Job vorankommen möchten". Denn genauer betrachtet, kann man dieses Ziel auf vielfältige und somit völlig unterschiedliche Weisen erreichen: Man könnte mehr Fortbildungen besuchen oder sich anderweitig weiterbilden, um sich mehr Fachwissen anzueignen, das einem das Arbeitsleben erleichtert, und so früher oder später dem Vorgesetzten durch gute Leistungen auffallen. Man könnte versuchen, seine persönlichen Beziehungen zu Chef und Mitarbeitern besser zu pflegen, um in der Gunst und somit auch auf der Karriereleiter zu steigen. Man könnte auch auf einen Positionswechsel hinarbeiten oder auf eine Gehaltserhöhung; Extraurlaub oder vielleicht einen Bonus. „Im Job voranzukommen" ist also kein Ziel, nicht wirklich. Stattdessen ist es eine grobe Idee von dem, was wir irgendwann, am besten bald, erreichen möchten. Dieses Ziel gibt uns folglich auch keine Anhaltspunkte, wie wir es erreichen könnten, und verliert so für uns schnell den Anreiz. Wir fühlen uns von der unbekannten Größe der ebenfalls unbekannten Aufgaben eingeschüchtert, wissen nicht so recht, wie man am besten an die Sache herangeht, und verlieren auch schnell die Lust, daran zu arbeiten, da wir nicht schnell genug oder gar keine Ergebnisse sehen.

Seine Ziele spezifisch zu gestalten, also zu konkretisieren, ist somit unbedingt notwendig. Falls wir nämlich nicht ohnehin vorher schon aufgeben, weil wir frustriert sind, da wir nicht wissen, wie man etwas bewältigt, von dem wir uns nicht ganz im Klaren sind, was es eigentlich ist, gibt es eine zweite Schwierigkeit. Falls wir – durch ein Wunder – doch die ersten Ergebnisse sehen sollten, wie sind wir nun in der Lage, zu überprüfen, ob wir unser Ziel bereits erreicht haben oder nicht? Gilt es als „vorangekommen", wenn wir ein Lob vom Chef bekommen haben, oder müssen wir weiterarbeiten? Alle diese Fragen, die eventuell noch offenbleiben könnten, sollten Ihnen bereits aufzeigen, dass Ihr Ziel wohl nicht dem standhält, was es in Wirklichkeit stützen soll: nämlich Ihren Arbeitsplan. Besonders wenn Sie beginnen möchten, Projekte mit Ihrem Team zu bearbeiten, werden bereits kleine Unklarheiten schnell zu großen Risikofaktoren, die sich schnell sehr ungünstig für Sie gestalten können.

Aber wieso in aller Welt ist es denn eigentlich so schwierig, richtige Ziele zu formulieren, die eben keine Fragen mehr offenlassen? Man könnte schließlich argumentieren, dass wir unterbewusst ja sehr wohl wissen, was wir erreichen wollen, auch wenn wir es vielleicht eher schlechter in Worte fassen können. Auch hier ist es keine Schande, zuzugeben, dass man von Anfang an nicht direkt einen Überblick über alle möglichen Gestaltungswege und deren Auswirkungen hat. Womöglich ist man neu in einem Feld und kennt sich noch nicht aus. Zwar hat man ein grobes Bild im Kopf, aber das heißt noch lange nicht, dass wir uns stets selbst im Klaren sein müssen, wie man aus diesem Bild ein wirkliches Ziel erstellt.

Ein traurig gutes Beispiel hiervon ist die Mehrheit aller Start-ups. Viele Menschen haben unglaublich tolle Ideen zur Gründung eines Unternehmens, doch es mangelt meistens an einer grundlegenden Orientierung und Organisation, was viele Projekte zum Scheitern bringt, egal wie innovativ diese auch sein mögen. Ob es sich nun also um geschäftliche, private oder sonstige Ziele handeln mag, in diesem Schritt der Planungsphase ist die Zeit gekommen, sich darüber genauere Gedanken zu machen, was und auf welche Art und Weise man sein Vorhaben erreichen möchte. Dazu sollte man den Mut haben, einmal tiefer in sich hineinzuhorchen – oder genauer auf die Kundenanforderungen zu blicken –, um herauszufinden, was man von sich selbst fordern, erwarten und auch hoffen kann.

Auch nicht außer Acht zu lassen sollten die Konsequenzen sein, die mit der Erfüllung seiner Vorhaben oder Ziele einhergehen könnten. Sind Sie zum Beispiel in der Lage, den Herstellungsprozess eines Produktes für Ihren Kunden später bei vergleichbaren Anfragen zu denselben Preis- und Qualitätsstandards beizubehalten? Oder sollten Sie tatsächlich befördert werden: Sind Sie in der Lage, dem Druck und der Neubelastung standzuhalten? Auch wenn diese Fragen zunächst eher weniger mit dem Ziel an sich zu tun haben scheinen, ist die Antwort auf dieselben meist nicht unerheblich für die Formulierung Ihrer Ziele. Denn sollten die Konsequenzen für Sie negativer ausfallen, als gewinnbringend zu sein, dann wäre es intelligenter, sich das Ganze noch einmal durch den Kopf gehen zu lassen, nicht? Somit kann es durchaus auch mehrmals dazu kommen, dass Sie noch einmal von vorne planen oder Ihre Ziele eventuell nach genauerer Betrachtung völlig umformulieren müssen.

Um also zu unserem Beispiel vom Anfang zurückzukehren, wobei es Ihr Ziel ist, „im Job vorankommen“. So könnte dies umformuliert werden zu: eine Beförderung erhalten. Dann sollten Sie sich fragen, ob Sie sich auch im Klaren darüber sind, wie hoch ihr zukünftiger Arbeitsaufwand sein wird. Sind Sie optimistisch, den Anforderungen Ihres neuen Jobs auch immer gerecht werden zu können? Sind Sie auch gesundheitlich in der Lage, mit dem erhöhten Druck und den vermehrten Überstunden klarzukommen? Oder streben Sie eine Gehaltserhöhung an? Dann fragen Sie sich, ob Sie vertraut damit sind, was die Standards Ihrer Firma diesbezüglich sind, was Sie tun und leisten müssen, um sich diese Gehaltserhöhung zu verdienen. Sind Sie derzeit in der Lage, diese Leistungen zu erbringen? Oder brauchen Sie dazu nur ein Gespräch mit Ihrem Vorgesetzten? Wird es Ihnen möglich sein, dies in nächster Zeit zu organisieren und gründlich vorzubereiten? Vor allem, wenn es sich nicht um persönliche, sondern geschäftliche Ziele handelt, ist Präzision von besonderer Bedeutung. Sie planen schließlich nicht nur für sich, sondern ein gesamtes Team, in dem alle denselben Richtlinien zu folgen haben. Deshalb ist es unbedingt zu vermeiden, zwei- oder mehrdeutige Ziele zu kommunizieren, da dies das Risiko birgt, dass jeder Kollege daraus etwas anderes lesen wird. Stellen Sie sich einfach vor, alle möglichen Formen von „im Job vorankommen" treffen in Ihrer Realisation aufeinander und ergeben so nichts Halbes und nichts Ganzes. Sie können es sich ähnlich vorstellen wie einen kleinen Rechenfehler. Am Anfang mag der Fehler nicht so gravierend wirken, doch je mehr man mit der falschen Summe weiterrechnet, desto mehr potenziert sich der Fehler und wird immer schlimmer. Schlimmstenfalls stehen Sie nun also mit lauter Einzelteilen da, die vorne und hinten nicht zusammenpassen, und müssen von vorne beginnen. Das kostet viel Zeit und Mühe, die Sie sich sparen könnten, wenn Sie Ihre Ziele klar mit Ihrem Team absprechen.

Erst wenn Sie garantieren können, dass alle Ihre Mitarbeiter an einem Strang ziehen und auf dasselbe Ziel hinarbeiten, wird Ihnen die Arbeit enorm erleichtert – und es entstehen weniger Probleme bei der Aufgabenteilung. Wie Sie im weiteren Verlauf des Buches noch deutlicher erfahren werden, ist Teamwork eine der Grundstrategien, Ihre Ziele schneller und effektiver zu erreichen. Darum sollten Sie darauf achten, dass alle Ziele stets so formuliert sind, dass sie Teamwork ermöglichen. Schließlich ist auch die Möglichkeit nicht ausgeschlossen, dass Sie private Aufgaben womöglich einmal delegieren müssen. Auch hier sparen Sie durch ein eindeutig formuliertes Ziel viel Zeit, in der Sie sonst vergeblich versuchen würden, Ihren Kollegen zu erklären, woran Sie gerade gearbeitet haben oder wie Sie sich den Arbeitsansatz zu dieser Aufgabe vorgestellt hatten.

Zusammengefasst hilft Ihnen, Ziele spezifisch zu definieren, dabei, Ihre eigene Motivation hinter dem Ziel zu finden. Sie werden diese Motivation auch leichter behalten können, da Sie nicht verwirrt nach der Startlinie suchen müssen, sondern erste Strategien der Zielerfüllung bereits aus dem Ziel selbst ziehen zu können. Dadurch kann die spezifische Formulierung unserer Ziele eine große Hilfe dabei sein, einen Aktionsplan zu erstellen, den Sie über den Zeitraum der Zielverfolgung völlig unkompliziert abarbeiten können.

2. Messbare Zielsetzung

Aber auch wenn ein Ziel sehr spezifisch formuliert ist, kann es durchaus passieren, dass wir nicht das Gefühl haben, wirklich weitergekommen zu sein, wenn wir nicht mit realen Zahlen arbeiten. Jedes Ziel sollte also unbedingt messbar sein. Bei diesem Punkt der Zielformulierung geht es darum, Ihrem Ziel einen quantitativen Aspekt zu verleihen, der es Ihnen ermöglicht, noch ein weiteres Stück präziser sich selbst gegenüber zu werden, was genau Sie erreichen möchten.

So sollten Sie zu jeder Zeit in der Lage sein, objektiv einzuschätzen, ob Sie ihr Ziel bereits erreicht haben oder noch weit davon entfernt sind. Beispiele gibt es vielzählige. So könnte mehr Geld durch eine Beförderung zu verdienen, ein spezifisches Ziel sein. Bekommen Sie jedoch von Ihrem Chef vorgeschlagen, 40 Euro mehr im Monat zu verdienen und dafür aber mehr Verantwortung zu erhalten und auch ordentlich mehr Überstunden machen zu müssen, scheint das ein weniger guter Deal, als es wohl der Plan war. Gleichsam ist so beispielsweise das Ziel, Spanisch fließend zu sprechen, ein spezifisches Ziel – und dennoch bleiben noch viele Fragen offen. Was bedeutet denn „fließend"? Diesbezüglich ist das Wort mehr als subjektiv, und auch wenn man das Internet dazu befragt, hat jeder, der eine Meinung haben kann, auch einen Blogartikel zu eben jenem Thema verfasst, die alle etwas anderes sagen. Man muss sich also erneut selbst fragen und die eigene Motivation hinter dem Ziel kennenlernen. Möchte man einfach in der Lage sein, Filme zu verstehen? Mit Freunden zu reden? Einen Urlaub nach Spanien unternehmen oder einen Sprachkurs bestehen? Messbar werden unsere Ziele logischerweise erst, wenn man ihnen eine gewisse reale Zahl beifügt. Zum Beispiel möchte man täglich 50 neue Vokabeln lernen oder seinen Sprachkurs mit einem Diplom von über 90 Prozent abschließen.

Ähnlich funktioniert das in allen vorstellbaren Bereichen, in denen Sie sich potenziell Ziele gesetzt haben könnten. Beim Abnehmen zum Beispiel sollten Sie eine gewisse Anzahl an Kilos ihrem Ziel beifügen, die Sie gedenken in der nächsten Zeit loszuwerden. Also statt: „Ich werde Sport treiben, um Gewicht zu verlieren" stellt man sich nun das Ziel: „Ich werde Sport treiben, bis ich 10 Kilos abgenommen habe". Auch bei der Gehaltserhöhung oder dem Bonus sollten Sie bereits eine ganz konkrete Summe im Kopf haben, die Sie zusätzlich erhalten möchten. Und auch, wenn es um Ihre Beförderung geht, ist es wichtig, dass Sie bereits mit einer bestimmten Stelle liebäugeln und wissen, was auf Sie zukommen wird.

Ohne jegliche Ausnahmen ist Ihr Ziel erst dann erreicht, wenn Sie genau diese Zielvorgabe auch erreichen konnten. Denn nur durch diese Strenge mit sich selbst sind Sie am Ende in der Lage, zu entscheiden, ob Sie vielleicht doch noch weiter an diesem Ziel zu arbeiten haben – oder ob Ihre Mühen sich bereits gelohnt haben und sie am Ziel angekommen sind. Dies verhindert, dass wir zu seicht oder womöglich sogar zu hart mit uns selbst ins Gericht gehen. So glauben wir zum Beispiel, dass wir unser Ziel erreicht haben, fließend Spanisch zu lernen, weil wir jeden Tag fünf neue Vokabeln gelernt haben. Das ist schon ein guter Anfang, zumal er von konstantem Arbeiten zeugt, aber bedeutet das, dass man fließend Spanisch sprechen kann? Innerhalb eines absehbaren Zeitraumes wohl eher nicht. Auf der anderen Seite kann es aber genauso schädlich für unsere Motivation und damit auch für das Erreichen unserer Ziele sein, sich selbst ständig zu kritisieren und sich einzureden, dass man nicht fließend im Spanischsprechen ist, weil man in der neusten Tageszeitung seiner Wahl fünf Worte nicht verstehen konnte. Deshalb sollten Sie bei Zielen, die Ihnen am Herzen liegen, oder solchen, die Sie für besonders wichtig erachten, stets auf den messbaren Anteil Ihrer Zielformulierung achten. Auch bei Ihrer Arbeit wird Ihnen dies oft einige Mühen sparen. Durch eine klare Zielvorgabe bleibt es Ihnen erspart, sich mit Teamkollegen zu streiten, falls diese die Aufgabe anders „interpretiert“ haben sollten. Auch während des Schaffungsprozesses wird es Ihnen so deutlich erleichtert, den Überblick zu behalten, inwiefern Sie in der Zeit liegen, vielleicht schneller sind als erwartet oder das Zeitlimit zu überschreiten drohen.

Während Sie also durch die Spezifizierung Ihres Ziels bereits einen gewissen Ansatz in die Hände gelegt bekommen haben, wie die Arbeit am besten zu beginnen ist, bekommen Sie durch die Messbarkeit Ihres Zieles eine gewisse Übersichtlichkeit. Sie können besser einschätzen, wie viel Arbeit pro Tag oder an welchen Wochentagen erledigt werden muss, um sich konstant Ihrem Ziel zu nähern. Gleichzeitig lässt es sich so leichter vermeiden, dass Sie eventuelle Rückschritte erleiden, weil Sie zu lange nicht an Ihrem Projekt arbeiten konnten. Das menschliche Gehirn kommt, um es einfach auszudrücken, mit Interpretationen nicht wirklich klar. Logischerweise will es uns Befriedigung erleben lassen, weshalb es uns vor zu großen Anstrengungen bewahren möchte. Da die Zukunft für diesen Teil unseres Gehirnes nicht fassbar ist, leiden wir oft daran, dass wir unmotiviert sind, unsere Aufgaben zu erledigen, oder nur stoßweise daran arbeiten – also einen Tag total motiviert sind und am nächsten Tag gar nichts machen. Und das ist auch nicht schlimm und ganz natürlich, aber eben doch ärgerlich, wenn man so seit Jahren seine Ziele verfehlt. Auf der Arbeit hingegen kann ein so durch sich selbst verpfuschter Motivationsansatz tatsächlich viel zerstören, uns an unserer Glaubwürdigkeit und Zuverlässigkeit zweifeln lassen und somit an unserem Image kratzen. Dem wirkt der Aspekt der Messbarkeit unserer Ziele bestimmt entgegen, da sie unser Ziel in verständliche kleine Bröckchen zerteilt, die alle in der „Jetzt-Zeit" stattfinden. Da wir sehen, dass unser Tagesziel so viel näher liegt als das Endziel, erscheint es viel schaffbarer – und somit ist es viel wahrscheinlicher, dass wir auch dazu kommen, wirklich anzufangen. Haben wir erst einmal begonnen, ist es auch sehr viel wahrscheinlicher, dass wir unser Tagesziel erreichen, weil – sind wir einmal ehrlich mit uns – selbst die Dinge, auf die wir normalerweise keine Lust haben, eigentlich gar nicht so schlimm sind, wenn man sich einmal aus seiner Komfortzone herausbewegt und einfach angefangen hat. Unserem Ziel so Schritt für Schritt näherzukommen, motiviert uns auch für den nächsten Tag und gibt uns bereits eine ziemlich genaue Vorstellung, womit man als Nächstes starten sollte, um sich seinem Ziel weiterhin zu nähern.

Sollte man folglich sehen, dass man sich aus Versehen von seinem Ziel entfernt, ermöglicht uns das stetige Vor-Augen-Halten und Vergleichen von konkreten Zahlen auch, dass wir den Plan zu jeder Zeit an die sich ändernden Begebenheiten anpassen und uns unserem Ziel von Neuem annähern können. Auch wenn die Spezifität und die Messbarkeit bei vielen Zielen ineinander verschwimmen, ist es wichtig, beide als separate Teile unseres Zieles vor Augen zu halten. Schließlich dienen die beiden Punkte auch unterschiedlichen Aspekten in unserem Aktionsplan und verdienen so eine getrennte Nennung. Auch wenn Sie Ihre Ziele formulieren, scheint es manchmal, als wollte sich keine spezifische Zahl nennen lassen. Geht es etwa um die Schaffung eines Problems, das Sie vorher so noch nie bearbeiten mussten, das anstatt eines praktischen, eher einen kreativen Lösungsansatz fordert, sind wir geneigt, zu glauben, dass es keine Zahlenform gibt, die sich für die Anforderungen anbieten würde. Jedoch sollte man diesem Trugschluss nicht erliegen und sich genauer mit der Problemstellung befassen, die uns oft mehr Auskunft darüber geben kann, was wir suchen, als wir glauben. So scheint sich zum Beispiel bei dem Ziel „eine Werbung für Produkt X erstellen" erst einmal keine geeignete reale Zahl damit verbinden zu lassen. Prozentzahlen sind schließlich auch kaum geeignet, da wir in diesem Stadium der Zielsetzung noch keinerlei Vorstellungen vom Gesamtumfang des Projektes haben. Hier bietet es sich jedoch an, zu hinterfragen, welches Endprodukt der Kunde sich wünscht? Geht es um Poster? Einen Werbeclip im Fernsehen oder eine Werbung fürs Radio? Diese Vorgabe kann hier ein direktes Indiz auf den quantitativen Aspekt unseres Zieles sein. Zum Beispiel fünf verschiedene Posterdesigns zu entwickeln oder das Skript für einen 15-sekündigen Werbeclip zu schreiben. Je länger Sie sich mit Ihren Zielen befassen, desto leichter wird es Ihnen fallen, auch scheinbar unmöglich einzuarbeitende Aspekte in Ihr Ziel zu integrieren. Was Sie nicht aus den Augen verlieren dürfen, ist, dass Sie dabei nicht „auf Teufel komm raus" etwas herbeizuzaubern versuchen, was nicht da ist, sondern stattdessen Details aus Ihren Projekten freilegen, die Sie zuvor noch nicht ausmachen konnten, die aber maßgeblich zur Erfüllung dieser Ziele beitragen.

3. Attraktive Zielsetzung

Und was man auch tut, es gibt auch einfach Dinge, die wollen nicht so richtig laufen. Viele Ziele, die wir uns seit Jahren setzen, können so spezifisch und messbar sein, wie sie auch wollen, wir hängen immer noch dort, wo wir angefangen haben: im alten, schlecht bezahlten Job, mit 10 Kilogramm Übergewicht, ohne das aufregende neue Projekt für die Firma, oder was es auch immer sein mag, das Sie sich wünschen. Warum also funktioniert es nicht einfach, wenn man sich vornimmt, 10 Kilogramm durch regelmäßige Sport zu verlieren, damit man nicht mehr zu mollig für seine alten Jeans ist? Wir wissen, was wir wollen: nämlich abnehmen. Wie wissen, wie wir es wollen: durch Sport. Und wir wissen auch, wann wir fertig sind: nach 10 Kilogramm. Warum also sind wir immer noch nicht schlanker?

Wenn es auch ist, was uns als Menschen ausmacht und es uns stets helfend zur Seite stehen sollte: Manchmal will sich unser Gehirn einfach nicht überzeugen lassen, sich – oder vielmehr uns – zu bewegen. Man verpasst selbstgesetzte Termine, denkt sich „Ach, morgen ist auch noch ein Tag", und das schon zum zehnten Mal in Folge. Wie schafft man es bloß, dass das Ziel, das man wirklich, wirklich erreichen will, auch den inneren Schweinehund überzeugen kann? Das ist ein äußerst schwieriges Thema, denn ehrlich gesagt gibt es keine pauschale Lösung dafür. Jeder muss dazu mit sich selbst wieder und wieder in den inneren Dialog treten und für sich herausfinden, wie man die Demotivation am besten ignoriert und trotzdem durchstartet. Denn sind wir ehrlich: Egal wie sehr wir ein Ziel auch erreichen wollen, es gibt einfach Tage, an denen ist uns alles egal – das Positive ebenso wie das Negative, das das (Nicht-)Erreichen unserer Ziele mit sich bringt. An einigen Tagen klappt es besser, einfach nur loszumachen und nicht weiter nachzudenken, als an anderen, und jeder hat hier seine eigenen Methoden. Für Sie als Leiter eines Teams, der nun versuchen sollte, so viel wie möglich dazu beizutragen, dass das Team (möglichst) immer motiviert an die Arbeit geht, gibt es dennoch einige Tipps und Tricks, wie Sie es schaffen können, Ihr Ziel attraktiv zu machen, damit es leichter fällt, an der Sache zu bleiben.

Um zu garantieren, dass uns ein Ziel attraktiv vorkommt und einen auch durch einen Schleier aus Müdigkeit und „Ach, ich könnte mir auch einfach was Leichteres vornehmen" erreicht, ist zunächst einmal eine positive Formulierung erforderlich. Oft wird es unterschätzt, wie viel Macht unsere Worte haben – doch wer sich ein wenig mit Psychologie auskennt, der weiß, dass unser Unterbewusstsein auch in unserer alltäglichen Kommunikation deutliche Unterschiede macht, je nach Wortwahl. So kann es deutlich motivierender sein, zu sagen: „Wir erhöhen unsere wirtschaftliche Reichweite, indem wir Firma X von uns überzeugen, eine Partnerschaft mit uns zu beginnen!", anstatt: „Wir versuchen, eine Partnerschaft mit X anzustreben, und müssen deshalb höchste Qualität bieten."

Einigen fällt womöglich bereits auf, warum der zweite Satz wohl niemanden so richtig motiviert. Auch wenn es so nicht ausgesprochen wird, suggeriert der zweite Satz, dass die Firma oder die Abteilung aus absoluten Losern besteht. Und warum? Erstens wird bei einem Ziel nichts „versucht". Etwas zu versuchen, bedeutet, dass man es gleich lassen kann. Denn wenn man sich das Wort mal auf der Zunge zergehen lässt, dann klingt „versuchen", als gestände man sich selbst kaum realistische Chancen ein, dass man dieses Ziel auch wirklich erfüllen kann. Wie oft haben wir schließlich schon gesagt: „Ich versuche, dran zu denken" und haben dann wirklich daran gedacht? Zweitens, auch wenn wir uns zwingen müssen, etwas zu tun, heißt das nicht, dass man das auch so sagen sollte: „Ich muss abnehmen", klingt schließlich auch viel schlimmer als „Ich möchte/werde abnehmen". Allein die Verwendung des Verbs „müssen" klingt nach harter Arbeit, die es nicht unbedingt wert ist, zumal es ohnehin scheint, als ob das Ganze zu nichts führen wird. Außerdem kann so schnell eine Distanz zwischen Ihnen und Ihrem Team aufgebaut werden. Schließlich „muss" Ihr Kollege gar nichts. Denn man mag es kaum glauben, aber in solchen Momenten fällt einem schneller als gedacht ein, dass die Firma einem nicht wirklich am Herzen liegt. Und da haben wir schon das richtige Mindset für lieblos ausgeführte „Halbarbeit". Und zu guter Letzt klingt der Teilsatz „und müssen deshalb höchste Qualität bieten", als ob das Team ansonsten nur den letzten Müll abliefert. Das tut selbst dem motiviertesten Mitarbeiter in der Seele weh – und wird so vermutlich auch zum genau gegenteiligen Ergebnis führen, als es ursprünglich erwünscht war.

Der erste Satz macht sich hingegen genau dies zunutze und verwendet Worte, die dem Team ein gutes Gefühl geben. Allein die Verwendung des Verbs „erhöhen" suggeriert dem Team, dass es bereits eine sehr gute Stellung erreichen konnte und nun nur nach einer Chance sucht, diesen guten Ruf oder dieses Talent weiter auszubauen. Auch zu sagen, dass man eine Firma überzeugen muss, klingt, als hätte man wesentliche Kontrolle über das Geschehen – anders als im zweiten Satz, bei dem es eher danach klingt, sich der Güte der eventuellen zukünftigen Partnerfirma überlassen zu müssen.

Wie Sie also sehen, ist es durchaus möglich, eine gewisse Motivation bereits durch Ihre Worte zu suggerieren. Folglich ist es durch einen hübsch verpackten Satz möglich, dass Sie an Ihren Zielen sehen, dass Sie das Zeug dazu haben, dieses auch wirklich zu erreichen. Das Ziel muss so im übertragenen Sinne erst unser Ego streicheln, um uns dazu anzutreiben, uns weiterhin anzustrengen.

Aber auch abgesehen von rosaroten Worten sollte darauf geachtet werden, dass das Ziel an sich auch einen motivierenden Faktor in sich trägt. Nicht selten ist es uns schließlich schon so gegangen, dass uns irgendwann in unserem Leben einmal mit zuckersüßem Lächeln gesagt wurde, dass unsere Arbeit nichts wert sei und wir alles noch mal von vorne machen können. Das ist natürlich nicht unbedingt ein Grund, noch härter an sich zu arbeiten, nur weil die Worte so schön klangen. Unser Ziel muss etwas sein, das uns wortwörtlich vom Hocker reißt. Bei individuellen Zielen kann das beispielsweise sein, dass das Ziel, das man zu erreichen versucht, unheimlich attraktiv auf uns wirkt und wirklich anstrebenswert ist, weil wir damit positive Folgen assoziieren. Wir müssen schließlich mit den Konsequenzen, die es mit sich zieht, besagtes Ziel zu erreichen, auch wirklich ausschließlich positive Dinge verbinden können, um vor uns rechtfertigen zu können, warum es die Umsetzung auch wert sein sollte. Wieso sollten wir schließlich jeden Tag Sport treiben, um dann unseren Hausmeister zu begeistern, der uns eigentlich egal ist? Das ist natürlich völliger Blödsinn!

Allerdings sind wir im privaten Bereich auch nur eine Person, die wir zufällig auch noch sehr, sehr gut kennen. Im geschäftlichen Bereich erweist sich das Ganze als ein wenig schwieriger. Diese Attraktivität zu integrieren, setzt voraus, dass wir die Interessen und Motivationsfaktoren all unserer Mitarbeiter nicht nur kennen, sondern auch effektiv miteinander verbinden können. Denn schließlich müssen Sie mehrere Menschen gleichzeitig dazu bringen, etwas zu tun, von dem diese nicht unmittelbar etwas haben. Dazu ist es wichtig, dass Sie die Antriebe der Motivation Ihrer Mitarbeiter nicht nur kennen und zu nutzen wissen, sondern Sie Ihre Mitarbeiter das auch spüren lassen. Und nur wenn Ihre Kollegen das Gefühl haben, dass auch sie etwas von ihrer Arbeit haben (und zwar mehr als ein monatliches Gehalt), dann können Sie auf die volle Motivation Ihrer Mitarbeiter zählen, was aber wahrscheinlich die komplizierteste Aufgabe der Zielsetzung sein dürfte. Hier gibt es keine Tricks! Sie müssen sich einfach die Zeit nehmen und Ihre Mitarbeiter richtig kennenlernen, um ihnen und sich selbst hier einen Gefallen tun zu können.

4. Realistische Zielsetzung

Traurig, aber wahr: In unserem Kopf sieht die Welt meist viel schöner aus, als sie eigentlich ist. In unserem Kopf ist es so teilweise möglich, bis zum Strandurlaub nächste Woche noch fix mal 10 Kilos abzunehmen oder vor Ende des Jahres noch 10.000 Euro zu sparen. Was sich zwar schön anhört und auch als festgesetztes Ziel sehr imposant klingt, ist gleichzeitig aber auch der Grund, warum wir unsere Ziele nicht einmal ansatzweise erreichen.

Bleiben wir bei dem Beispiel, bis zum nächsten Strandurlaub durch Diät und Sport tatsächlich noch schnell 10 Kilogramm abnehmen zu wollen, so können wir sehen, dass das Ziel spezifisch, messbar und wirklich sehr attraktiv ist. Wollten wir jedoch tatsächlich bis nächste Woche besagte 10 Kilogramm verlieren, würde eine Rechnung wie folgt aussehen: Ein durchschnittlicher Mensch konsumiert tagtäglich etwa 2.000 kcal. Um 1 Kilogramm Fett zu verlieren, benötigt man ein Defizit von 7.000 kcal. So benötigt man innerhalb von sieben Tagen ein Defizit von 7.000 x 10 = 7.0000 kcal. Folglich dürfte man am Tag 2.000 - (70.000/7) = -8.000 kcal konsumieren. Durch schnelles Joggen verbrennt man durchschnittlich 450 kcal die Stunde. Ergo: Man fastet eine

Woche und geht dazu täglich nur rund 18 Stunden rennen, und schon hat man ganz einfach sein Ziel erreicht ... Ja, genauso traurig sehen viele unserer Ziele in Wirklichkeit aus, auch wenn wir es gar nicht in diesem Maße wahrnehmen.

Zwar ist es gut, große Träume zu haben, und mit einem positiven Mindset kann man auch niemals etwas falsch machen, aber dennoch sollten wir uns nichts vormachen und uns damit selbst belügen. Besonders, wenn es um Ziele geht, deren Realisation uns wirklich am Herzen liegt, sollten wir darauf achten, dass diese auch realisierbar sind. Auch wenn uns so oft das Gefühl heimsucht, nicht genug zu machen oder nicht schnell genug zu sein, ist ein realistisches Ziel doch das einzige, das wir im Endeffekt umzusetzen in der Lage sein werden. Schließlich bedeutet, seine Ziele realistisch zu gestalten, nur, dass man diese leicht abändert und nicht vollständig verwirft. So kann man vielleicht damit beginnen, vor dem Strandurlaub nächste Woche nur 1 Kilo verlieren zu wollen statt 10 – oder eben nicht 10.000 Euro, sondern nur 3.000 Euro in den kommenden Monaten anzusparen. Oftmals liegt das Problem, dass wir keine Motivation haben, nämlich gar nicht daran, dass wir zu faul sind, unsere Träume wirklich zu erreichen. Manchmal ist das Problem schlicht und ergreifend nur, dass wir gleich alles auf einmal haben wollen. Das stellt uns vor das Problem, dass der Weg dahin unmöglich über einen längeren Zeitraum durchzuhalten ist (oder überhaupt, wer ist schließlich schon in der Lage, an einem Fastentag 18 Stunden zu joggen?). Und auch wenn es uns zunächst nicht so vorkommt, ist es daher oft besser, wenn man klein beginnt und sich von dort nach oben arbeitet. Übertreffen kann man sich im Idealfall ja immer noch. Aber besser bis zum Strandurlaub noch 1 Kilo verlieren als gar keines, richtig?

Ein gutes Beispiel ist hier ebenfalls das Setzen neuer Angewohnheiten. Viele möchten sich angewöhnen, gesund zu essen, Sport zu treiben, eine Stunde am Tag eine Fremdsprache zu lernen, mehr auf ihre Umwelt zu achten, im Job Gas zu geben und am Ende des Tages noch für seine Familie da zu sein. Und ja, das kann realisierbar sein – aber nicht von einem Tag auf den anderen. Aufgrund all der anderen, unvorhersehbaren Geschehnisse in unserem Leben, ganz zu schweigen von all den lästigen Verpflichtungen, die man zusätzlich noch hat, und ebenfalls aufgrund all jener Angewohnheiten, die wir schon viel länger haben, können wir uns nicht einfach vornehmen, dass wir morgen als „der perfekte Mensch" aufwachen, der wir schon immer sein wollten. Anstatt direkt am ersten Tag zwangsweise zu scheitern, weil all diese neuen Angewohnheiten in den Alltag integrieren zu wollen, einfach überwältigend und anstrengend ist, ist es besser, sich zunächst auf einen Teil des Gesamtbildes zu konzentrieren und daran zu arbeiten, diesen unter Kontrolle zu bringen. Wenn das geklappt hat, kann man zum nächsten übergehen – und so weiter und so fort.

Den Fokus zu behalten und Prioritäten zu setzen, das ist beim Ziele Formulieren genauso wichtig wie in anderen Planungsphasen Ihres Lebens. Denn wenn Sie Ihre Ansprüche zu hoch setzen, ist es nicht selten der Fall, dass Sie frustriert sind, weil Sie Ihrem Ziel kein Stück näherkommen. Kleine Rückschritte kommen uns gleich viel schlimmer vor, als sie eigentlich sind – und Stück für Stück verlieren wir so mehr und mehr Motivation dafür, uns überhaupt noch anzustrengen, bis wir irgendwann das Ziel komplett aufgeben.

Auch in Ihrem Arbeitsleben kann es Ihnen passieren, dass Sie Ihren Mitarbeitern ein wenig zu viel zutrauen und sich Ihre Kollegen schlicht und ergreifend einer unmöglich lösbaren Aufgabe gegenüberstehen sehen. Oft wandeln sich dann die Gefühle Ihres Teams nicht nur in Selbstzweifel und Frustration, sondern vor allem in Groll und – womöglich sogar – Hass gegen die Quelle, die diese Gefühle in ihnen ausgelöst hat: nämlich gegen Sie. Logischerweise ist mit so einem Team kaum effektiv und angenehm zu arbeiten. Es liegt also in Ihrer Hand, Ihr Team nicht nur durch Ihr Ziel zu motivieren, sondern auch, dafür zu sorgen, dass die Ziele, die Sie Ihrem Team setzen, wohldurchdacht und vor allem erreichbar sind. Dazu sollten Sie nicht nur Ihre persönlichen Richtlinien und Vorgaben im Kopf haben, sondern auch Ihr Team und dessen Leistungspotenzial gut kennen, um einen angemessenen Weg wählen zu können.

Eine wichtige Sache sollte man dabei aber nicht vergessen. Ziele zeichnen sich vor allem dadurch aus, dass sie *noch* bloßes Wunschdenken sind und eben nicht die derzeitige Realität. Das bedeutet, um sich zu verbessern und weiterentwickeln zu können, ist es von absoluter Wichtigkeit, dass Ihre Ziele – wenngleich sie nicht zu unerreichbar scheinen dürfen – nicht zu lapidar wirken. Ein gutes Ziel sollte immer eine gewisse Herausforderung in sich bergen und dazu auffordern, über sich hinauszuwachsen, sich zu optimieren und Größeres zu erreichen. Wählen Sie Ihre Ziele folglich stets mit Bedacht, denn der Grat, der diese Werte optimal vereint, ist oftmals sehr schmal und somit auch leicht zu verfehlen.

5. Terminierte Zielsetzung

Und zu guter Letzt sollte es wohl kein Geheimnis sein, dass wir unsere Ziele nicht einfach nur formulieren, um uns daran zu erfreuen oder weil wir Freude am Schmieden von Plänen empfinden, sondern vor allem, um diese früher oder später auch zu erreichen. Und da wir von

Natur aus eher zur Ungeduld neigen, sollte das Ziel nicht erst in zwei Jahrzehnten, sondern möglichst zeitnah erreicht werden. Und wenn wir „möglichst zeitnah" sagen, ist damit möglichst jetzt und sofort gemeint.

Die Schwierigkeit hierin besteht eher darin, dass trotz einer Zeitbegrenzung die anderen Punkte der Zielsetzung, die wir bereits genauer betrachtet haben, nicht außer Acht gelassen werden sollten. Besonders der Realitätsfaktor sowie die Zeitvorgabe sind häufig schwer zu vereinen, denn nicht immer hat man gleich zu Beginn eines Projektes einen genauen Überblick über sämtliche Schritte, die zur Bewältigung notwendig sind. Manchmal ist man auch einfach zu optimistisch mit sich selbst. Die logische Folge dieser „Das wird schon!"-Gedanken ist, dass man sich oft verschätzt und völlig unsinnige Deadlines setzt. Sind diese zu optimistisch gelegt, steigt der Druck ins Unermessliche, die Motivation hingegen sinkt in unerforschte Tiefen – und oftmals schleichen sich, aufgrund von mangelnder Konzentration, immer wieder Fehler ein, die sich nachträglich nur unter sehr viel Aufwand umständlich beheben lassen. Dies trägt natürlich nicht unbedingt dazu bei, dass das Ziel wie durch ein Wunder doch noch schneller als gedacht fertiggestellt werden kann. Eher das Gegenteil tritt ein, und wir verfehlen die Deadline um Längen.

Auf der anderen Seite ist es auch nicht zwangsläufig besser, wenn wir uns zu viel Zeit für ein Projekt lassen. Denn sollte das der Fall sein, sind wir viel eher dazu geneigt, zu prokrastinieren. Da wir keine direkte Dringlichkeit in der Aufgabe sehen, schieben wir diese weiter und weiter nach hinten, um uns erst einmal dringenderen Aufgaben auf unserem Schreibtisch widmen zu können. Das ist auch logisch, denn wozu sollte man eine Aufgabe heute erledigen, die nicht dringend ist, wenn wir dafür andere tatsächlich dringende Aufgaben verschieben müsste? Dadurch verändert sich jedoch der vorgefertigte Arbeitsplan um einiges. Wenn wir zuvor pro Tag 15 Minuten für die Aufgabe hätten einplanen sollen, müssen wir nun vielleicht 1,5 Stunden einplanen. Und auch wenn wir uns dessen durchaus bewusst sind, verschätzen wir uns trotzdem häufig im vermehrten Aufwand. Daher herrscht in der letzten Phase des Projektes totaler Stress und wir sehen uns einem ähnlichen Problem gegenübergestellt, als wenn wir uns von vornherein zu wenig Zeit gegeben hätten.

Die Kunst liegt folglich darin, das Ziel zuerst OHNE eine Terminierung zu formulieren und einen genauen Plan zu machen. Wer ist für dieses Projekt notwendig? Welche externen Hilfen kann ich in Anspruch nehmen? Wie viel Geld und Ressourcen habe ich zur Verfügung? Wie viel Zeit habe ich maximal zur Verfügung? Anhand dieser Fragen sollte man sich am besten mit dem gesamten Team, das an dem Projekt mitzuwirken hat, besprechen, um abzuklären, welcher Zeitrahmen als realistisch erachtet werden kann. Dabei sollte auch ein wenig Zeit für Fehlerbehebung oder andere nicht planbare Events wie Krankheitsfälle oder Lieferengpässe oder Ähnliches eingerechnet werden, um die Wahrscheinlichkeit, die Deadline im Nachhinein verschieben zu müssen, so gering wie möglich zu halten. Wenn Sie erst einmal eine geeignete Deadline gefunden haben, dann versuchen Sie, bis zum letzten Moment auch auf diese hinzuarbeiten – und verschieben die Deadline nur, wenn es wirklich unvermeidbar wird.

Die Terminierung eines Zieles ist jedoch nicht nur sinnvoll, um Kunden nicht zu enttäuschen, sondern zwingend notwendig für unser Gehirn. Eine gesunde Art von Zeitdruck garantiert uns, Kontrolle über unser Projekt zu erhalten, und schenkt uns somit gleichzeitig mehr

Motivation. Wenn wir wissen, bis wann wir fertig sein müssen, können wir von Anfang an unsere Arbeit in kleine Teile und Unterziele teilen, die es uns ermöglichen, zu jeder Zeit zu überprüfen, wie wir vorankommen und ob wir eventuelle Änderungen in unseren Plänen vornehmen müssen. Wir sind effektiver in der Lage, über unsere Arbeit zu reflektieren sowie Fehler in unserer Planung zu erkennen. Gleichzeitig ist durch eine zeitliche Begrenzung ein interessantes Phänomen zu beobachten. Oftmals bekommen Menschen ungeahnte Energieschübe, wenn sie sich an entscheidenden Punkten innerhalb eines Projektes befinden. So zum Beispiel sind die meisten Menschen sehr motiviert, wenn sie ein Projekt neu beginnen. Die ersten Stunden und Tage gehen uns meist erstaunlich leicht von der Hand. Erst später mit Voranschreiten des Projektes und den ersten auftretenden Schwierigkeiten lässt sich beobachten, dass unsere Begeisterung, unser Arbeitstempo sowie unsere Motivation nachlassen. Ist das Projekt nicht zeitlich begrenzt, ist es oftmals der Fall, dass wir so in eine Art Loch fallen, aus dem wir uns nur schwer und mühsam hervorkämpfen können. Wissen wir aber, dass wir kurz vor Fertigstellung des Projektes sind oder einen wichtigen Zwischenschritt beinahe abgeschlossen haben, tritt das Phänomen des „Endspurtes“ auf, durch den sich die meisten Menschen automatisch beflügelt fühlen, auf den letzten Metern noch einmal alles aus sich herauszuholen. Das liegt daran, dass wir sehen, dass sich unsere Mühen bald endlich gelohnt haben werden. Um nun also das Glücksgefühl, das wir fühlen, wenn wir stolz auf uns sind – oder wenn wir sehen, wie sich unsere Ziele erfüllen, wir Lob erhalten oder was auch immer es in Ihrem speziellen Fall auch sein mag, schneller zu erreichen; dadurch sind wir in der Lage, noch einmal sehr viel mehr Energie abzutreten, als normalerweise der Fall wäre. Um diese „Belohnung“ zu erhalten, ist unser Gehirn bereit, uns genügend Energie zur Verfügung zu stellen, um einmal mehr über uns hinauszuwachsen. Durch die Formulierung kleiner Unterziele und deren zeitliche Beschränkung können Sie von nun an bewusst von diesem Phänomen profitieren, um so mehr aus sich und Ihren Kollegen herauszuholen.

Ein ordentliches Ziel bietet Ihnen somit viele offensichtliche Vorteile. Logischerweise spielen die einzelnen Bestandteile größtenteils ineinander und ergänzen sich gegenseitig. Die Planungsphase zur Zielerfüllung wird Ihnen durch die Formulierung eines spezifischen Ziels erleichtert. Wenn Sie diesem spezifischen Ziel einen quantitativen, also messbaren Anteil hinzufügen und diesen zeitlich begrenzen, sind Sie nicht nur fähig, zu bestimmen, wie die Arbeit begonnen werden muss, sondern auch, wie oft und wie lange Sie in der Woche oder am Tag Sie Zeit einplanen sollten, um Ihr Ziel zu erreichen. Haben Sie Ihr Ziel gleichzeitig auch attraktiv und realistisch gesetzt, so haben Sie direkt eine Art „Wegzehrung“ an Motivation, die es Ihnen erleichtern wird, das Projekt zu beginnen und auch in dessen weiteren Verlauf die Motivation nicht zu schnell zu verlieren. Und selbst wenn Sie sich in einer Situation sehen, in der es Ihnen vielleicht schwerfällt, haben Sie durch ein attraktives Ziel dafür gesorgt, dass Sie Ihre Motivation leicht und schnell wiederfinden können. Nun geht es nur noch darum, ob Sie in der Lage sind, diese fünf Punkte auch wirklich in Ihre Zielformulierung zu integrieren. Dazu folgen nun zwei Beispiele, um genauer zu verdeutlichen, wie Sie Ziele setzen können und welche Formulierungen Sie lieber direkt wieder vergessen sollten.

Gelungene Zielformulierung anhand eines Beispiels aus der Praxis

Stellen Sie sich vor, Ihr Team wurde mit der Entwicklung einer neuen Weihachtsüßigkeit betraut und soll noch vor Juni einen Entwurf mit dem Endprodukt einreichen, damit das Herstellungs- und Marketingteam mit ihrer Arbeit beginnen können.

Ihre Eckdaten in diesem Beispiel sind:

1. Spezifisch: Entwicklung einer neuen Weihnachtssüßigkeit

2. Messbar: insgesamt fünf Entwürfe ausarbeiten

3. Attraktiv: (Variable je nach Team) beispielsweise: gemeinsame Arbeit an einem kreativen Projekt und Ausdehnung der Firmenrelevanz im nationalen Markt

4. Realistisch: einen Entwurf detailliert ausarbeiten

5. Terminiert: vor Juni

Somit könnte Ihr ausformuliertes Ziel lauten: „Wir werden ab heute gemeinsam drei Monate daran arbeiten, fünf Entwürfe für ein völlig neues Konzept an Weihnachtssüßigkeiten zu erfinden, von denen schließlich ein Projekt realisiert wird, um die Relevanz unserer Firma auf nationaler Ebene weiter auszudehnen."

An diesem Beispiel lässt sich besonders gut die Anwendung der gelernten SMART-Methode erkennen. Auch wenn das ausformulierte Ziel nicht unbedingt als kurz und knackig durchgeht, so haben in der Formulierung bereits alle wichtigen Informationen, die Ihr Team benötigt, um nicht so schnell von der Erwartungshaltung Ihrer Firma abzuweichen, Platz gefunden. Zunächst wird der Zeitabschnitt deutlich herausgehoben, sodass keinerlei Unklarheiten über die Deadline herrschen, woraufhin erst ein akkurater Aktionsplan erstellt werden kann. Wichtiger jedoch ist es, dass klar erkennbar ist, was eigentlich gemacht werden soll. Ein neues Konzept an Weihnachtssüßigkeiten zu erfinden, lässt schließlich nicht viel Raum für Fehlinterpretation, und so wird am Ende der Arbeitszeit wohl niemand an einem Osterhasen gearbeitet haben. Ebenfalls deutlich ist der quantitative Aspekt, der Ihrem Team ein klares Tempo vorgibt, woraufhin sich diese mehr oder minder direkt an die Arbeit machen können. Auch zu beachten ist die gute Integration von Sprache in dieses Ziel. So ist davon die Rede, dass das Team die Relevanz der Firma ausdehnen wird. Das ist natürlich so nicht ganz richtig, denn einem Team wird es nicht gelingen, so eine schwierige Aufgabe allein zu stemmen. Es klingt aber auf jeden Fall nach einem Projekt, auf das man stolz sein kann, hat man es erst einmal erreicht.

Vermeiden Sie diese Fehler

Stellen Sie sich vor, Ihr Team soll ein Musikvideo für eine neu aufkommende Hip-Hop-Band planen und schließlich auch produzieren. Dazu erhalten Sie von der Band folgende E-Mail:

Sehr geehrter Herr Mustermann,

wir danken Ihnen vielmals für Ihre Zusammenarbeit und wollten Ihnen hiermit einige unserer Vorstellungen mitteilen. Das Konzept wird ziemlich dunkel und einsam sein und soll die Geschichte einer Obdachlosen erzählen, die aufgrund von Drogenmissbrauch nicht von der Straße wegkommen kann. Der Fokus sollte dabei auf der Geschichte und nicht auf dem Sänger liegen. Wir werden allerdings immer im Hintergrund zu sehen sein.

Wir freuen uns auf den Drehtag nächsten Monat!

Mit freundlichen Grüßen

Max

Sie wollen Ihre Mitarbeiter nun also an das Projekt heranführen, indem Sie ihnen folgendes Ziel zur Bearbeitung stellen: „Wir müssen bis nächsten Monat ein Musikvideo über Drogenmissbrauch drehen."

Zunächst einmal sollten Sie sich einen Moment Zeit nehmen, um die Fehler, die hier gemacht wurden, selbst zu analysieren, bis Sie unseren Lösungsvorschlag lesen. Dabei überlassen wir es aus Übungszwecken ebenfalls Ihnen, selbst einen Alternativvorschlag auszuformulieren.

In diesem Beispiel kann man klar und deutlich erkennen, dass der Manager selbst mit dem Produkt nicht vertraut zu sein scheint oder dass dieser zumindest nicht völlig hinter diesem steht. Das ist ein riesiger Motivationskiller für Ihr Team und darf so – selbst wenn es einmal der Fall sein sollte – niemals gezeigt werden. Schließlich sollen Sie doch der Motor hinter Ihrem Team sein. Wie wollen Sie erwarten, dass dieses motiviert ist, wenn Sie das nicht einmal selbst schaffen? In Ihrer Zielsetzung muss sich folglich Begeisterung ebenso widerspiegeln wie der Glaube daran, dass Ihr Team diese Aufgabe mit Leichtigkeit bewältigen kann.

Aber wenn man dieses Ziel betrachtet, weiß man gar nicht, wo man anfangen soll. Das Ziel scheint zwar spezifisch zu sein, denn es wird gesagt, man soll ein Musikvideo über Drogenmissbrauch drehen, jedoch ist dies eine einfache Falschinformation. In der E-Mail fällt zwar das Wort Drogenmissbrauch und dieses wird auch im Kontext des Musikvideos gebraucht, allerdings soll es vorrangig um ein Mädchen gehen, das Drogen zum Opfer gefallen ist. Eventuell verstehen das auch einige Kollegen so. Andere hingegen könnten das Projekt als Anti-Drogen-Kampagne deuten und somit die eigentliche Aussage des Videos völlig verfehlen. Dazu kommt, dass kein Mensch weiß, wie lang das Skript werden soll, wie lang der Song dauert. Anstatt Rückfragen zu tätigen, wenn solch wichtige Informationen fehlen, einfach draufloszuarbeiten, kann Ihrem Projekt im Endeffekt den Kopf kosten und Sie, wie in diesem Beispiel auch, in ernsthafte Schwierigkeiten bringen. Auch die Formulierung klingt nicht wirklich so, als würde sie irgendjemandem vom Hocker reißen. Wozu drehen wir das Musikvideo? Bringt es unsere Firma weiter? Erfüllen wir den größten Traum dieser Band? Alles, was Ihre Mitarbeiter bestimmt wissen, ist, dass sie dazu gezwungen sind, zu tun, was auch immer sie tun sollen – denn wie wir uns erinnern, ist ja nicht einmal das klar hervorgegangen. Spezifisch, messbar und attraktiv ist das Ziel schon einmal nicht. Aber ist es realistisch? Keiner weiß es. Denn obwohl das Ziel wenigstens eine klare Terminierung hat, weiß niemand, was das Endprodukt sein soll. Muss ein Skript geliefert werden? Soll das Musikvideo bereits vorbereitet und produziert werden? Sollen nur mehrere Vorschläge gesammelt werden? Muss man Schauspieler casten? Endlos können diese Fragen weitergehen, was für Sie als Teamleiter bedeutet: Dieses Ziel kann in den Müll. Alles auf Anfang!

DIE 5 STRATEGIEN DER KOMMUNIKATION

Nachdem Sie nun ein richtiger Profi darin geworden sind, Ihre Ziele fachgerecht zu formulieren und zu planen sowie aus dieser Formulierung erste Strategien und Pläne für die Zielerfüllung zu erstellen, kann Ihr Projekt trotzdem noch immer scheitern. Der Grund dafür liegt mitunter am sogenannten Stille-Post-Effekt. Sie können Ihre Ziele so wohlgewählt und perfekt formuliert haben, wie Sie möchten – wenn Sie nicht in der Lage sind, dieses Ziel den anderen Beteiligten verständlich zu kommunizieren, dann wird Ihnen all das rein gar nichts bringen. Allerdings sollten Sie sich nicht zu viele Sorgen machen, denn ebenso wie die richtige Zielsetzung ist auch die konkrete Kommunikation mit Ihren Kollegen eine Fähigkeit, die Sie rasch erlernen können. Sie basiert im Wesentlichen auf mehreren kleinen Kernkomponenten, die zusammen nicht nur die Kommunikation mit Ihren Teamkollegen erleichtern, sondern auch Ihre Zusammenarbeit wesentlich verbessern und Ihren Zusammenhalt sowie die allgemeine Arbeitsmoral stärken und heben wird.

1. Kommunikation im Team

Am einfachsten machen Sie sich das Ganze, wenn Sie sich die gesamte Sache mit der konkreten, spezifischen Kommunikation schenken und sich einfach von Anfang an mit Ihrem Team zusammensetzen, um die

Lage gemeinsam zu besprechen. Das hat nicht nur den Vorteil, dass Sie den eben benannten Stille-Post-Effekt umgehen können, sondern auch unter anderem, dass Sie direkt in der Lage sein werden, abzuschätzen, welche Deadlines für Ihre Ziele realistisch sein und somit infrage kommen könnten. Da Sie schließlich schon mit allen Beteiligten des Projektes zusammensitzen, ist es möglich, sich diesbezüglich zu besprechen und jeden zu Wort kommen zu lassen, mit welchem Zeit- und Arbeitsumfang des Projekts sie persönlich rechnen und wie schnell es sich ihrer Meinung nach erledigen lässt. Somit haben Sie die Möglichkeit, einen sehr detaillierten Arbeitsplan zu erstellen, der höchstwahrscheinlich nicht einmal mehr überarbeitet werden muss, da alle relevanten Meinungen darauf bereits Einfluss nehmen konnten.

Das Gute an dieser Art der Zielsetzung ist es aber nicht ausschließlich, dass Sie sich einige Umstände sparen können, was die Kommunikation mit Ihrem Team betrifft. Zusätzlich ist es ein völlig anderes Gefühl für Ihre Kollegen, wenn sie vermittelt bekommen, dass ihre Meinung gehört und wirklich zurate gezogen wird. Wird man nicht direkt vor vollendete Tatsachen gestellt, sondern kann maßgeblich am Bestimmungsprozess teilnehmen, fühlt man sich persönlich mehr in das Geschehen und Vorankommen des Unternehmens involviert und ist somit allgemein motivierter, sich auch mehr anzustrengen. Das spielt offensichtlich in die Qualität und Geschwindigkeit der Herstellung Ihres angestrebten Endproduktes mit ein und ermöglicht es Ihnen, auf längere Zeit gesehen weniger Aufwand betreiben zu müssen, nach externen Motivationsquellen für Ihre Mitarbeiter zu suchen.

2. Individuell oder Gruppe?

Natürlich stehen noch unzählige weitere Varianten, wie Sie Ihre Ziele an Ihr Team kommunizieren möchten, frei zu Ihrer Verfügung. Wollen Sie das gesamte Team zu einem Meeting einladen und allen Kollegen den gesamten Projektplan erklären? Oder möchten Sie lieber das gesamte Projekt lediglich grob anschneiden und jedem Kollegen einzeln nur seinen persönlichen Beitrag dazu näher erklären? Es könnte natürlich ein Vorteil sein, jedem Kollegen ausschließlich dessen eigene Arbeitslast näher zu erläutern. Selbstverständlich sollte derjenige noch immer wissen, worum es in dem Projekt insgesamt eigentlich geht, aber mehr eben auch nicht. Das gewährleistet, dass der Kollege sich wirklich nur mit seinen eigenen Verantwortungen beschäftigt und sich auf dieselben voll und ganz konzentrieren kann. Schließlich ist es nicht untypisch, dass man schnell den Überblick über ein Projekt verliert, wenn man zu viele (für einen selbst) irrelevante Details erklärt bekommt. Schlimmstenfalls versuchen die Kollegen, sich an den anderen zu orientieren – und vielleicht sogar Kompromisse einzugehen, von denen sie denken, dass diese besser für das Projekt seien, was jedoch selbstverständlich ihr individuelles Endergebnis verfälscht und so vielleicht sogar die Qualität des Endproduktes maßgeblich mindert, weil dieser Kollege eben doch nicht das große Ganze überblicken konnte. Solch kleine, wenn auch gut gemeinte Fehler lassen sich selbstverständlich leicht umgehen, wenn Sie von vornherein den anderen Kollegen die Möglichkeit gar nicht erst geben, sich mit Sachen zu befassen, die nicht in ihrem Verantwortungsbereich liegen. Auf der anderen Seite jedoch kann auch genau dies schnell zu kleinen Fehlern führen, die dann verhindern, dass die Einzelteile des Projektes zusammengesetzt werden können. Wenn jeder sein eigenes Ding macht – wer weiß dann schon, ob die Einzelteile sich auch gut zusammensetzen lassen und ergänzen können, wenn selbst die Kollegen voneinander nicht wissen, was der Mitarbeiter am Schreibtisch nebenan eigentlich gerade macht. Als Teamleiter müssen Sie selbst beurteilen, welches Problem eher auf Ihr Team zutrifft, und demnach entscheiden, welche der beiden Varianten eher für Sie in Frage kommt.

3. Prioritäten im Team

Wenn Sie Band 1 dieser Ratgeberreihe bereits gelesen haben, sind Sie sich schon darüber im Klaren, wie wichtig es ist, die Aufgaben in einem Team gut und intelligent zu verteilen. Auch in Bezug auf Ihre Zielsetzung kann es maßgeblich über Erfolg oder Scheitern bestimmen, wie Sie Ihre Projekte auf einzelne Kollegen und/oder Teams verteilen. Besonders wichtig ist es, dass Sie sich vorher bereits Gedanken machen, ob Sie das Projekt in viele kleinere Teilaufgaben teilen oder es so kompakt wie möglich belassen möchten und die Teilaufgaben lediglich grob benennen und die weitere Unterteilung Ihren Kollegen bei der Bearbeitung freistellen.

Auch dann stellt sich noch immer die Frage, ob Sie möchten, dass alle Ihre Teamkollegen die Aufgaben selbst in kleinere Teilaufgaben zerlegen oder ob Sie das Gefühl haben, dass einige Ihrer Kollegen das Projekt nicht hundertprozentig überschauen können, und es deswegen für geeigneter erachten, nur einigen ausgesuchten Kollegen die Unterteilung der Aufgaben für alle Mitarbeiter in Teilaufgaben zu überlassen.

Je nachdem, wie Sie sich letztendlich entscheiden, gestaltet sich auch die Kommunikation dieser Aufgaben an die jeweiligen Kollegen völlig unterschiedlich. Falls Sie sich dafür entscheiden sollten, all Ihren Kollegen insofern zu vertrauen, dass diese das Projekt weit genug überblicken, um ihre Aufgaben selbst unterteilen zu können, ohne dabei größeren Schaden anzurichten, dann können und sollten Sie sich selbst das bisschen Zeit sparen und müssen den Projektplan nicht bis ins kleinste Detail selbst ausarbeiten. Sie können Ihren Mitarbeitern das ausformulierte Ziel Ihres Projektes schildern, ihnen ihren Aufgabenbereich nennen – und sie damit beauftragen, selbst zu überprüfen, welcher der Kollegen am geeignetsten ist, welchen Teil dieser Aufgabe auszuführen.

Das kann den Vorteil haben, dass die Selbstbestimmung über diese Aufgabe wiederum die Motivation anregt und folglich dazu führt, dass das Ergebnis schneller und qualitativ hochwertiger ausfällt als durch eine andere Art der Kommunikation.

Der negative Aspekt dieser Art der Kommunikation geschäftlicher Ziele ist, dass es die Mitarbeiter mitunter mehr Zeit kosten kann, sich selbst über den Managementteil des Projektes Gedanken zu machen, als Sie dies tun würden, da dies für gewöhnlich eigentlich nicht in der Expertise Ihrer Teammitglieder liegt. Da Sie als der Teamleiter diese Entscheidungen treffen sollten, kann es sein, dass Ihre Kollegen sich leicht überfordert fühlen, mit einem solchen Problem konfrontiert zu werden. Falls Sie denken, dass dies zum Problem werden könnte, können Sie natürlich auch die Aufgaben für Ihr Team „vorkauen“ und für diese in sinnvolle Zwischenschritte teilen und jedem Kollegen seine Teilaufgabe nennen. Auch hier sollten Sie wieder entscheiden, ob Sie jedem Mitarbeiter lediglich seine eigene Aufgabe nennen oder der Gruppe das große Endziel gemeinschaftlich erklären möchten. Dabei kann es jedoch immer mal wieder zu Schwierigkeiten kommen, wenn Sie Ihr Team nicht hundertprozentig kennen. Sollte dies der Fall sein, so kann es passieren, dass Sie die Aufgaben nicht effektiv verteilen, da eventuell ein anderer Kollege viel geeigneter für die Aufgabe wäre als jener, den Sie nun für dieselbe auserkoren haben. Da Sie wissen, wie Sie zu Ihrem

Team stehen, was die Kompetenzen Ihres Teams sind und inwieweit Sie Ihren Kollegen vertrauen können, liegt auch hier die Entscheidung wieder allein an Ihnen sowie Ihrer subjektiven Einschätzung über die Lage Ihres Teams.

4. Kommunikation der Deadlines

Egal wie gut Sie Ihr Team auch kennen mögen: Über die individuelle Arbeit eines jeden einzelnen Teammitgliedes können sie unmöglich genauestens Bescheid wissen. Das liegt schlicht und ergreifend daran, dass Ihr Arbeitsbereich ein anderer ist und sie ein anderes Individuum sind als der Kollege, der diese Aufgabe gerade erfüllen muss. Darum – auch wenn Sie wissen, wann ein Projekt fällig ist – sollten Sie niemals selbst alle Deadlines für das Projekt setzen. Die letzte Deadline, also der Termin, an dem das Projekt an den Kunden weitergegeben werden muss, mag festgesetzt sein, aber alles zwischen Start und Ende des Projektes liegt nicht allein in Ihren Händen. Sie sollten sich darüber bewusst werden, dass, auch wenn Sie das Ziel gesetzt haben, den Projektplan erstellt und den Teams ihre einzelnen Aufgaben kommuniziert haben, sich einzelne Deadlines durchaus noch verschieben lassen. Dazu sollten Sie den Projektplan stets mit Ihren Kollegen besprechen, die Ziele Ihren Kollegen vorlegen und mit ihnen gemeinsam durchgehen, inwiefern die einzeln formulierten Teilziele zu erreichen sind. Schämen Sie sich hier nicht, Gebrauch von der Expertise Ihrer Mitarbeiter zu machen und sich mit allen Beteiligten zu beraten, ob die Abhängigkeiten, Ressourcen und Beschaffungszeiten korrekt in die Planung eingeflossen sind. Fragen Sie Ihre Mitarbeiter, ob diese die gesetzten Deadlines für realistisch halten. Falls diese Frage verneint wird, fragen Sie nach, welche Optimierungsvorschläge Ihre Kollegen vorzubringen haben und ob diese stattdessen eingebracht werden könnten. Sie sollten sich nicht scheuen, offen zu kommunizieren, dass Sie sich über ehrliches Feedback freuen würden, da das Ihnen im weiteren Verlauf des Projektes eventuell große Schwierigkeiten ersparen kann.

5. Individuelles Zeitmanagement

Wenn Sie Ihre Ziele spezifisch, messbar, attraktiv, relevant und terminiert formuliert haben, haben Sie Ihren Teil der Aufgabe bereits erfüllt – oder zumindest einen großen Teil davon. Wenn Sie das Ziel nun nach den vorangegangenen Regeln an Ihre Teamkollegen kommuniziert haben, liegt es nicht mehr in Ihrer Hand, zu bestimmen, wie das Projekt weiter voranzugehen hat. Soll heißen, vertrauen Sie Ihren Kollegen einfach – und verunsichern Sie diese nicht durch zu viele Zwischenkontrollen oder das Bedürfnis, Ihren Mitarbeitern zu sagen, wie diese besser zu arbeiten haben. Es ist sehr wichtig, dass jeder Kollege seinem eigenen Zeitplan folgen kann.

Optimalerweise sollte sich jeder Kollege seinen eigenen Zeit- und Arbeitsplan erstellen dürfen, dem er im Laufe des Projektes folgen kann. Logischerweise ist es nicht möglich, dass man kommt und geht, wie man möchte, und auf der Arbeit nichts macht, was irgendwie relevant für den Job wäre. Jedoch ist es von großer Wichtigkeit, Vertrauen in seine Kollegen zu demonstrieren, indem man sie machen lässt, wie sie es für richtig halten. Außerdem sind Arbeitspläne ohnehin eine sehr persönliche Sache, die am besten funktionieren, wenn wir Sie mit unserem Biorhythmus und unseren eigenen Stärken und Schwächen abgleichen. So brauchen zwei Menschen für dieselbe Aufgabe eine unterschiedliche Menge an Zeit. Das ist weder ungewöhnlich noch falsch. Nach diesem Prinzip sollten Sie auch hier walten und Ihren Mitarbeitern in diesem Punkt so wenig hineinreden, wie Sie nicht gerne möchten, dass Ihnen diesbezüglich jemand Vorschriften macht.

Sie werden sehen, dass allein zu kommunizieren, dass man die individuelle Arbeitsweise eines jeden Kollegen schätzt, einen großen Einfluss darauf nehmen kann, wie schnell Sie Ihre Ziele erreichen. Denn logischerweise ist es nicht möglich, ohne Ihre Kollegen Ihre Ziele zu erfüllen – und Ihre Mitarbeiter werden es Ihnen definitiv danken, wenn sie Respekt und Vertrauen in diesem Maße von Ihnen entgegengebracht bekommen. Schaffen Sie es, Ihren Mitarbeitern dieses Mindset zu kommunizieren, haben Sie schon halb gewonnen.

Weitere Umstände

Erneut können Sie profitieren, wenn Sie Ratgeber 1 unserer Reihe bereits gelesen haben. Denn so wissen Sie, wie man auch optisch seine Mitarbeiter zu besseren Leistungen anspornen kann. Auch in der Zielsetzung und Kommunikation seiner eigenen Ziele kann es vorteilhaft sein, diese Ziele durch ein wenig Motivation der Mitarbeiter wahrscheinlicher zu machen. Vielleicht möchten Sie, anstatt Ihren Kollegen nur von Ihren Plänen der Zukunft zu erzählen, diese auch visualisieren? Eventuell ein Handout erstellen oder den Arbeitsplan mit der gesamten Gruppe teilen? Oder möchten Sie ab und an während des Projektes ein Feedback bereithalten, das Ihren Kollegen zeigt, was der aktuelle Stand ihrer jeweiligen Arbeit ist? Auch wichtig zu beachten ist, ob Ihre Kollegen im Büro oder von zu Hause aus arbeiten. Je nachdem kann es wichtig sein, dass die Art, wie Sie Ihre Ziele kommunizieren, auf Ihr Team angepasst ist. Ist jeder Ihrer Mitarbeiter hier auch jederzeit in der Lage, bei Rückfragen schnell jemanden zu erreichen – oder könnte dies eventuell einige Zeit dauern und somit das Projekt eventuell verzögern? Sollten Sie Ihre Kollegen regelmäßig an Kontrollen zum Zwischenstand des Projektes erinnern – oder sollten diese lieber von selbst auf Sie zukommen, wenn es etwas zu berichten gibt? Wollen Sie zu diesem Zwecke Meetings abhalten, um direkt Neues zu erfahren? Oder vielleicht lieber einfach nur eine Rundmail schicken, um sich wertvolle Zeit zu sparen? Wenn Sie sich darüber bewusst sind, wie es für Sie und Ihr Team am besten funktioniert, dann nutzen Sie diese Dynamik aus, um Ihre Projektpläne schnell an diese anzupassen.

DAS KOMMUNIKATIONSKONZEPT IM MITARBEITERGESPRÄCH

Auch wenn Sie sich all die unterschiedlichen Wege überlegt haben, *wie* Sie Ihre Ziele kommunizieren wollen, gibt es noch einen wesentlichen Punkt, der zu klären ist. Dieser Punkt ist, *was* Sie denn eigentlich sagen wollen. Denn ja, natürlich können Sie sich einfach vor Ihr Team stellen und Ihr wundervoll ausformuliertes Ziel vorlesen, aber in den meisten Fällen sorgt das für mehr Verwirrung als für eine motivierte Masse, die sich direkt ans Arbeiten stürzt. Um nun also ein stabiles Kommunikationskonzept zu entwickeln, müssen Sie sich über mehrere Faktoren Gedanken machen. Zum einen sollten Sie wissen, dass mit jedem Ziel eine minimale Veränderung geschieht, schließlich bewegen wir uns nach vorne – ergo verändert sich auch etwas an unserer Firma, dem Team oder vielleicht auch dem Image der Firma. Dieses ungewisse Etwas sollte dem Team ebenso klargemacht werden wie das Ziel an sich. Denn diese Veränderung kann dem gesamten Projekt einen anderen Touch verleihen. Wenn Sie zum Beispiel ein Produkt neu erschaffen, um sich einen Ruf aufzubauen, wird dieses Produkt völlig anders aussehen, als wenn Sie beispielsweise ein Produkt herstellen sollen, um Ihre Stammkunden für lange Treue zu belohnen. Beschäftigen Sie sich anschließend auch damit, wie Sie Ihren Kollegen in so kurzer Zeit wie möglich alle relevanten Informationen vermitteln können. Darin enthalten sein sollten möglichst sämtliche Hintergrundinformationen über besondere charakteristische Eigenschaften des Produktes, den Zeitrahmen, die Zielgruppe, den bereits erstellten Projekt- und/oder Aktionsplan sowie das ausformulierte Ziel. So können Sie sichergehen, dass alle Betroffenen alle relevanten Informationen erhalten haben und dennoch – durch Vorgabe des ausformulierten Zieles – auf dasselbe Endprodukt zusteuern.

Das Mitarbeitergespräch

Haben Sie das Ziel eindeutig an Ihre Kollegen kommuniziert, ist es schon so gut wie halb erreicht. Aber eben noch nicht ganz. Daher sollten Sie trotz allem auch während des Arbeitsprozesses darauf achten, dass sich nichts versehentlich doch noch in die falsche Richtung entwickelt. Prüfen Sie, ob alles auf dem richtigen Stand ist, Sie innerhalb Ihrer Material- und Zeitressourcen liegen. Um hier die genausten Informationen zu erhalten, ist es am einfachsten und effektivsten, unmittelbar mit Ihren Mitarbeitern zu sprechen. Solche Mitarbeitergespräche werden allgemein als eines der wirksamsten Werkzeuge des Personalmanagements genutzt, um Einfluss auf die Arbeitsprozesse zu nehmen, diese zu kontrollieren und überprüfen sowie gleichzeitig eine individuelle Bindung zu Ihren Kollegen aufzubauen. Da dies ziemlich viele Funktionen für ein einzelnes Gespräch sind, gibt es auch für diese Zwischenkontrollen in Form von Mitarbeitergespräche fünf Schlüsselpunkte, an denen Sie sich grob orientieren können, um die bestmöglichen Ergebnisse zu erzielen sowie das meiste herauszuholen.

Individualität

Genauso wichtig wie dass Sie die individuelle Arbeitsweise Ihrer Kollegen respektieren, ist es essenziell, dass Ihre Mitarbeitergespräche ebenfalls auf Individualität basieren. Sie sollten darauf achten, Ihre Mitarbeiter dort abzuholen, wo diese stehen, um mit ihnen auf Augenhöhe kommunizieren zu können. Das bedeutet, dass nur weil Sie eventuell mit der Arbeitsweise eines Kollegen nicht übereinstimmen, Sie sich nicht ausschließlich daran orientieren sollten, sondern eher an den Ergebnissen, die dieser Kollege erzielt.

Bevor Sie das Mitarbeitergespräch aber führen können, sollten Sie sich zunächst genau mit der betreffenden Person vertraut machen. Welche Werte hat sie in vorangehenden Kompetenzanalysen gezeigt, was sind ihre Stärken, ihre Schwächen? Was ist ihr Platz innerhalb des Teams? Inwiefern unterscheidet sie sich von Ihnen persönlich – worin gleicht sie Ihnen? All dies hilft Ihnen, zu verstehen, wie Sie am besten mit diesem Kollegen sprechen können – und zwar nicht nur als Vorgesetzter mit ihm zu sprechen, sondern seine Perspektive auch als Kollege und womöglich sogar als Freund verstehen zu können.

Es geht also um mehr als nur darum, auf den Kollegen einzureden und die eigene Meinung zum derzeit laufenden Projekt loszuwerden oder lediglich Feedback zur Arbeit des Kollegen abzugeben. Stattdessen geht es ebenfalls um ein aktives Zuhören und Verstehen der anderen Seite, um den Arbeitsplatz ständig zu verbessern und für sämtliche Beteiligten angenehmer zu gestalten. Wenn das Gespräch im Rahmen eines konkreten Projektes läuft, dann sollte aus Sicht des Kollegen im Mittelpunkt stehen, den Vorgesetzten zu informieren, inwiefern die individuelle Arbeit am Projekt bereits erfüllt ist und welche Prognosen für den Fortlauf des Projektes bestehen. Aus Sicht des Vorgesetzten sollte der Fokus hingegen darauf liegen, inwiefern sein Mitarbeiter zufrieden mit dieser Arbeit ist und ob der Kollege Verbesserungsvorschläge oder Kritik anzubringen hat.

Gerne können Sie hierbei auch einige psychologische Tricks nutzen, die es Ihnen erleichtern, empathischer mit anderen Menschen zu reden. Das Gespräch sollte aber in keiner Form den Mitarbeiter zu etwas manipulieren wollen, nicht einmal zu mehr Motivation. So gut dies auch gemeint sein kann (manipulieren heißt schließlich nicht vorrangig, dass man die andere Person ausnutzt, sondern nur, dass man selbst die andere Person von etwas überzeugt, was diese vorher nicht so empfand), so wollen Sie in diesem Gespräch eher sehen, wie Ihr Projekt vorangeht und wie Ihre Mitarbeiter dazu stehen. Dazu sollten Sie stets höflich bleiben, der anderen Person nicht ins Wort fallen, auch wenn Sie mit der Meinung Ihres Gegenübers nicht übereinstimmen. Sie sollten diese Offenheit aber nicht nur dadurch demonstrieren, dass Sie ruhig zuhören, sondern auch in Ihrer Körperhaltung – und optimalerweise sollte auch in Rückfragen echtes Interesse erkennbar werden.

Erachten Sie diese Gespräche also nicht nur als Zwang, sondern als Möglichkeit, Ihre Kollegen näher kennenzulernen und somit auch zu erfahren, wie Sie die Arbeit für diese angenehmer gestalten können, um im Gegenzug mehr Einsatz, Motivation und Effizienz erwarten zu dürfen.

Progress Tracking

Bisher haben wir also erfahren, dass sich Mitarbeitergespräche als direkte und wohl ehrlichste Quelle nutzen lassen, wenn es darum geht, herauszufinden, wie Ihr Projekt bislang verläuft. Darum kann es hilfreich sein, wenn Sie sich bereits im Vorfeld überlegen, welche Aufgabe welchem Kollegen zugeteilt wurde und sich als vorbereitende Maßnahme zum Gespräch die Maßstäbe für diese Teilaufgabe vor Augen halten. Eventuell sollten Sie diesbezüglich Fragen oder konkrete Umfragewerte von den Kollegen anfordern.

Falls einige Aufgaben besondere Anforderungen aufweisen oder Sie ein Projekt überprüfen möchten, dessen Endprodukt ein materielles Ergebnis benötigt, sollten Sie Ihre Mitarbeiter darauf vorbereiten, wann das individuelle Mitarbeitergespräch stattfindet. Damit können alle Mitarbeiter bereits vorher gewisse Proben, Fotos oder konkrete Werte vom derzeitigen Arbeitsstand mitbringen und erleichtern somit ebenfalls den Ablauf des Gespräches. Dies kann auf beiden Seiten Zeit sparen und ermöglicht Ihnen gleichzeitig, fernab von Worten und Versprechungen herauszufinden, auf welchem aktuellen Stand sich Ihr Team tatsächlich befindet. Versuchen Sie es hierbei auch gerne ab und an mit individuellem Feedback in schriftlicher Form, um Ihre Mitarbeiter zu motivieren, weiterhin ihr Bestes zu geben (konsultieren Sie dazu gerne Band 1: Feedbacks formulieren), falls dies anderweitig in einem persönlichen Gespräch Ihren Zeitrahmen sprengen sollte.

Um aber Zeit zu sparen und dennoch das anzubringen, was Sie während des Gespräches vermitteln wollten, lohnt es sich in jedem Fall, nicht nur von Ihrem Kollegen zu erwarten, dass dieser vorbereitet in das Gespräch kommt, sondern dasselbe ebenfalls zu tun. Dazu lohnt es sich, wenn Sie vorher zusammentragen, was das Ziel Ihres jeweiligen Gespräches sein soll. Sortieren Sie sich dazu, was Sie von Ihrem Kollegen wissen möchten und welche Fragen Sie ihm beantworten können. Dazu können Sie sich gerne zuvor eine Strategie zurechtlegen, um zu garantieren, in dieser kurzen Zeit dieses Ziel auch erreichen zu können. Schließlich können Sie sich noch Gedanken über Verlauf und Schluss des Gespräches machen. Welche Komplikationen können eventuell auftreten, und wie kann ich diese lösen? Und wann weiß ich, dass alle meine Fragen zur Genüge beantwortet sind und das Gespräch beendet ist? Da Sie die Verantwortung über den Gesprächsverlauf haben, kann es für Sie einfacher sein, sich auf das Gespräch vorzubereiten, als für Ihren Kollegen. Dafür müssen Sie sich aber auch ausreichend vorbereitet sein und alle entsprechenden Informationen parat haben, um Peinlichkeiten zu vermeiden.

Offene Kommunikation in beide Richtungen

Sie sind der Boss, und Sie haben das Sagen! Das ist gut und richtig so, denn Sie haben in vielen Dingen einen Überblick, der Ihren Kollegen naturgemäß fehlt. Allerdings sollte das nicht gleichgesetzt werden mit einer filmreifen Angst der Kollegen, dem Boss zu sagen, was wirklich gerade im Büro vor sich geht. Machen Sie Ihren Kollegen klar, dass ein Mitarbeitergespräch keineswegs symbolisieren soll, dass Sie den Fähigkeiten Ihrer Mitarbeiter misstrauen. Es soll lediglich für Sie und womöglich Ihren eigenen Boss eine Art Sicherheit darstellen, um zu überprüfen, ob die Projektplanung von vornherein richtig gewählt war, ob alle die Aufgabe richtig umsetzen oder ob es in letzter Minute doch noch einige Störungen gibt, die man nicht vorhersehen konnte, und wo man nun schnellstmöglich eine Lösung improvisieren muss. Dies erleichtert es Ihnen auch, mit Ihren Kollegen ungezwungener und vor allem, ohne großartig Druck oder sogar Angst aufzubauen, offen zu kommunizieren.

Wenn Ihre Mitarbeiter Ihnen vertrauen und das Gefühl haben, sich mit Problemen auch an Sie wenden zu können, selbst wenn diese Probleme mit Ihrer eigenen Person zu tun haben, erleichtert es die Arbeit. Es stärkt die Gruppendynamik und sorgt so für eine allgemein bessere Arbeitsatmosphäre. Auch Sie sind schließlich menschlich und sollten sich daher keinesfalls schämen, einige Fehler zu machen oder vielleicht sogar einem Mitarbeiter unwissentlich Unrecht zu tun. Umso wichtiger ist es, Ihre Arbeit auch aus einer anderen Perspektive betrachten zu können, um zu garantieren, dass auch Sie Ihre bestmögliche Arbeit liefern. Betrachten Sie folglich Ihre Kollegen als Hilfe und Möglichkeit zur Selbstreflexion. Da Ihre Kollegen mehr oder minder von Ihnen abhängig sind, ist es sehr wichtig, dass nicht nur Sie selbst, sondern auch Ihr gesamtes Team mit Ihrer Arbeit zufrieden ist – genauso wie es wichtig ist, dass Sie mit jedem einzelnen Mitarbeiter zufrieden sind. Aus diesem gegenseitigen Vertrauen und der gegenseitigen Zufriedenheit entstehen eine hohe Qualität und vor allem eine Flexibilität in Notsituationen, Krankheitsfällen oder anderen Engpässen.

Teamsitzungen

So ist ein individuelles Mitarbeitergespräch essenziell, um herauszufinden, auf welchem Stand jeder einzelne Mitarbeiter sich befindet. Doch mindestens genauso wichtig ist es, zu erfahren, wo das Team steht. Somit kann es sich lohnen, manche Mitarbeitergespräche nicht einzeln, sondern mit dem gesamten Team durchzuführen. Dies wird vor allen in den letzten Phasen der Umsetzung des Projektes relevant, wenn Ihr Ziel knapp vor seiner Erfüllung steht. Es ist wichtig, Feinheiten abzugleichen, um zu garantieren, dass die einzelnen Endprodukte im Endeffekt auch gut zusammensetzbar sind und nicht womöglich an einigen Stellen noch verfeinert werden sollten. Rufen Sie, um nicht vielleicht erst zu spät zu bemerken, dass noch einige Veränderungen erfolgen müssen, ab und an einige Meetings mit dem gesamten Team ein. So ermöglichen Sie es, dass einige Teams, die unter anderen Umständen niemals miteinander kommunizieren würden, sich über ihren Fortschritt verständigen und so garantieren können, dass ihre Arbeit nicht nur optimal gleichzeitig laufen kann, sondern vor allem, dass Ihr Endprodukt genauso wird, wie am Anfang angedacht war. Diese Teamsitzungen sollten Sie wie die individuellen Meetings vorher präzise planen und mit allen gut absprechen, damit alle den aktuellen Stand ihrer Arbeit als Modell zum Meeting mitbringen können.

Leistungsdruck und andere hemmende Faktoren

Wenn Sie Mitarbeitergespräche führen, sollten Sie sehr darauf achten, wie Sie selbst dabei auf andere erscheinen. Teilweise liegt der Grund, dass die Arbeit nicht ganz so verläuft, wie Sie sich das im vornherein vorgestellt haben, vielleicht daran, dass Sie selbst oder andere Kollegen die Arbeit ausbremsen. Auch wenn dies nicht bewusst oder gewollt geschieht, kann es doch sein, dass Sie durch suggerierten Leistungsdruck, der als unmöglich zu bewältigen gesehen wird, oder einfach die Ausdrucksart, in der Sie meist mit Ihren Kollegen kommunizieren, unterbewusst als bedrohlich oder einschüchternd wahrgenommen werden. Das kann sehr leicht Ängste, Widerwillen oder Zwänge in Ihren Mitarbeitern schüren und sich schnell gegen Sie wenden, wenn Sie nicht vorsichtig sind.

So unprofessionell dies auch klingen mag, sind wir alle Menschen und können darüber nicht entscheiden, was uns Angst einjagt, uns stresst oder uns wütend macht. Diese Art Emotionen sollten keineswegs als unprofessionell erachtet, sondern lieber behandelt werden wie alle anderen Umstände, mit denen man rechnen muss, wenn man im Umgang mit Menschen steht. Es ist wichtig, dass Sie darauf achten, inwiefern Sie persönlich oder andere Personen in Ihrem Büro die Arbeit Ihrer Kollegen eventuell hemmen und wie Sie dies möglichst schnell umgehen können. Logischerweise können Sie nur auf diese Art und Weise ein ordentliches Ergebnis erwarten und Ihren Kollegen vertrauen.

Andere beliebte Leistungskiller sind Stress oder Langeweile. Oftmals schon ist der Begriff Burn-out im näheren Umfeld gefallen – doch wussten Sie, dass ein Bore-out eine ebenso reale Krankheit ist, die ähnliche Symptome zeigt wie Depressionen? Wir verbringen einen nicht geringen Teil unseres Tages damit, auf der Arbeit zu sein. Wenn wir uns in dieser Zeit unnötigem Stress oder permanenter Langeweile aussetzen, dann hat das fatale Auswirkungen auf unser Gehirn und kann schnell dazu führen, dass nichts mehr funktioniert. Sie sollten also unbedingt darauf achten, dass Ihre Kollegen weder unter- noch überfordert sind. Dazu ist es wichtig, dass Sie Mitarbeitergespräche auch dazu nutzen, um auf eventuelle Anzeichen, wie Antriebslosigkeit, bereits lang anhaltende Müdigkeit oder sozialen Rückzug frühzeitig reagieren zu können. Am besten ist es jedoch noch immer, wenn Sie präventive Maßnahmen ergreifen und es nicht so weit kommen lassen.

Dabei hilft es Ihnen, sich häufiger einmal in Ihr Gegenüber hineinzudenken und die Arbeit aus dessen Sicht wahrzunehmen. Außerdem sollten Sie als empathische Führungskraft nicht nur als Experiment, sondern allgemein und jeden Tag auch Ihre eigenen Regeln befolgen. Was heißt das? Nun, wenn Sie aus irgendeinem Grund von Ihren Mitarbeitern erwarten, jeden Tag um 5 Uhr morgens gut ausgeruht und voller Energie im Büro aufzutauchen, dann sollten Sie das besser selbst jeden Morgen ebenfalls ohne große Schwierigkeiten schaffen – oder sich andererseits fragen, ob Sie vielleicht an der einen oder anderen Stelle Ihre Zügel lockern sollten. Das Wichtigste ist noch immer, dass Sie Ihren Kollegen stets ein gutes Beispiel sind und mit all den Eigenschaften, die Sie auch von Ihren Kollegen erwarten, vorausgehen. Tatsächlich fordert es einige Zeit und Eingewöhnung, derart viel Organisation auf sich zu nehmen, um seine Mitarbeiter gekonnt zu führen. Jedoch lassen sich die hier angeführten Strategien sehr leicht zwischen Ihren sonstigen Verpflichtungen eingliedern und kosten nach einiger Übung kaum noch einen zweiten Gedanken.

DIE 10 STRATEGIEN DER ZIELERFÜLLUNG

Im vorhergehenden Kapitel haben Sie bereits einiges darüber lernen können, warum eine konkrete Zielsetzung uns bereits ein gutes Stück weiterhilft, unsere Ziele tatsächlich erfüllen zu können. Dazu betrachteten wir die „SMART"-Methode der Zielsetzung genauer und erarbeiteten die einzelnen Bestandteile dieser ausführlich. Anhand eines Beispiels konnten Sie schließlich erproben, inwiefern Ihnen diese Methode schlüssig erscheint und diese vertiefend verstehen. Ebenfalls haben Sie gelernt, wie Sie ihre Ziele am besten Ihrem Team kommunizieren können und welche Bestandteile der Kommunikation je nach Team und Zielsetzung zu beachten sind.

Schlussendlich betrachten wir erneut einige zur Zielerfüllung relevante und effektive Varianten der Vorbereitung zu Mitarbeitergesprächen, anhand derer wir die Qualitätssicherung während der Zielumsetzung sicherstellen wollten. Zuletzt haben wir uns damit beschäftigt, wie Sie selbst mit gutem Beispiel vorangehen können, um Ihr Team weiter zu motivieren, sein Bestes zu geben und zu erreichen. Dabei haben wir schon das eine oder andere Mal das Thema der Zielerfüllung angeschnitten. In diesem zweiten Kapitel wollen wir uns nun eingehender damit beschäftigen, welche Strategien und Arbeitsansätze dazu notwendig sind, seine Ziele auch wirklich erfüllen zu können.

Dazu erarbeiten wir zunächst Aspekte des Projektmanagements. Sie werden im Hinblick der Zielerfüllung wichtige Strategien für die Erstellung eines konkreten Arbeits- und Aktionsplans ebenso wie für die Delegation von Aufgaben erhalten und näher erfahren, wie Sie Hindernisse leicht identifizieren und frühzeitig beseitigen können, damit Ihr Projekt nicht unnötig auf die Probe gestellt wird. In Band 1 dieser Reihe konnten Sie mehr zum Thema Mitarbeitermotivation und Effizienzsteigerung lernen. Falls Sie diesen Band noch nicht gelesen haben, wollen wir bezüglich der Zielerfüllung noch das Thema Motivation und Effizienz näher betrachten. Dieses Kapitel kann aber, selbst wenn Sie Teil 1 bereits gelesen haben, zur Auffrischung der Kenntnisse sowie als Integrationsübung des Gelernten in neuen Kontext zurate gezogen werden.

Im letzten Teil dieses Kapitels erfahren Sie mehr über Teamwork und wie Sie dieses in Ihrem Team etablieren und aufrechthalten können, um ihre Ziele schneller zu erfüllen.

Wie Sie sich bereits denken können, gehört mehr zur Erfüllung unserer Ziele als nur ein konkret formuliertes und gut gesetztes Ziel. Auch wenn wir durch eine stabile Zielsetzung und Zielformulierung bereits den halben Weg gegangen sind, bleiben immer noch einige Faktoren ungeklärt, die maßgeblich am Gelingen oder Scheitern unserer Ziele beteiligt sind.

Besonders weil Sie nicht allein an der Arbeit zu schaffen haben, sondern sich auf mehrere Kollegen verlassen müssen, die Arbeit mit Ihnen gemeinsam zu erledigen, ist es wichtig, dass Sie eine Ahnung über die Arbeitsmethoden und den Fortschritt des Projektes haben, um alles zu lenken und kontrollieren zu können. Dabei ist es essenziell, dass Sie zu allen Zeiten einen festen Plan in den Händen halten, den Sie konsultieren können – vor allem, wenn Sie sich nicht mehr sicher sind, ob die Arbeitsweise oder das Tempo noch dem ursprünglich angedachten gleichen. Folglich sollte auf diesen unter allen Umständen Verlass sein.

Doch wie kann man, ohne überhaupt alle Details zu kennen, schon einen fertigen Arbeitsplan erstellen und an diesem auch noch lange festhalten? Auch wenn dies zunächst ein nahezu unmögliches Unterfangen zu sein scheint, gibt es einige Tricks, wie Sie sich dieser schwierigen Aufgabe stellen können. Auch wenn diese Planungsphase stellenweise sehr viel Zeit kostet, lohnt es sich, diese Zeit einzuplanen und das Projekt in Ruhe zu analysieren. Dies erspart Ihnen sehr häufig einige böse Überraschungen, denen Sie sonst eventuell während Ihrer Arbeit begegnen. Betrachten Sie also Ihren Projektplan nicht ausschließlich als Schlachtplan zur Bewältigung vieler komplexer Arbeitsvorgänge, sondern ebenfalls als eine Absicherung für einige schlimme Zwischenfälle. Durch einen stabilen Projekt- und Aktionsplan sind Sie schnell in der Lage, Notfallplan B–Z aus dem Ärmel zu ziehen und Ihr Projekt so zu retten, wenn es wirklich einmal hart auf hart kommen sollte.

Projektmanagement – die wichtigsten Strategien

Selbstredend soll dieser Ratgeber in keiner Form ein Studium oder sonstige Bildungsgänge ersetzen, die Sie absolviert haben, um in Ihrer Position zu landen. Sie kennen sich bereits mit den Strategien aus und wissen, wie Sie ein Projekt zu steuern haben – aber manchmal passiert es einfach, dass wir mit so vielen Einzelheiten, mit so viel Wissen um Details regelrecht bombardiert werden, dass wir den Überblick über das Wesentliche verlieren und Grundlagen vergessen, die uns eigentlich in Fleisch und Blut übergegangen sein sollten. So sollen diese kommenden Informationen für Sie zur Auffrischung dienen, um sicherzustellen, dass Sie souverän durch Ihr Projekt powern können. Vielleicht haben Sie aber bisher auch noch gar keine Chance gehabt, ein Projekt zu managen? Oder haben Sie gerade erst ein Start-up gegründet und fragen sich, wo am besten Sie nun anfangen sollen.

Egal ob Sie studiert oder sich gerade selbstständig gemacht haben: Die wichtigsten Strategien des Projektmanagements lassen sich sehr einfach auf fünf Standpfeiler herunterbrechen. Schließlich geht es maßgeblich darum, herauszufinden, wie Sie mit den gegebenen Ressourcen und Mitarbeitern in einer ebenfalls vorgegebenen Zeit das bestmögliche Ergebnis erzielen können. Logischerweise ergibt sich daraus, dass der Ansatz weise gewählt sein muss, denn bereits in den Startlöchern des Projektverlaufes wird sich zeigen, ob Ihr Projekt effektiv verläuft oder Sie einer Fehlplanung unterlagen. Um die Wahrscheinlichkeit hierauf auf ein Minimum zu senken, achten Sie auf folgende Schritte:

1. Die grobe Planungsphase

Meist wird Ihnen in Ihrem Arbeitsleben eher weniger Arbeit abgenommen werden, als Sie sich vermutlich wünschen mögen. Zunächst einmal flattert höchstwahrscheinlich kein ausformuliertes Ziel mit allen relevanten Details zur Projektrealisierung einfach auf Ihren Schreibtisch. Die Arbeit, nach Erhalt des Projektes ein Ziel auszuformulieren, liegt allein an Ihnen und ist sozusagen Schritt 0 der Projektplanung, denn auf diesem Ziel bauen schließlich alle folgenden Entscheidungen auf.

Doch wie wir bereits wissen, dient ein gut ausformuliertes Ziel auch dazu, Ihnen erste Vorschläge zur Arbeitsweise geben zu können. In diesem Schritt des Projektmanagements nehmen Sie sich Ihr Ziel vor und überlegen sich alle Arbeitsansätze, die sich daraus potenziell ergeben könnten. Am Ende dieses Schrittes sollten Sie sich allgemein darüber im Klaren sein, welche Methoden sich anbieten, welchen groben Zeitrahmen Sie zur Verfügung haben und herausfinden, ob Sie selbst oder ein anderer Verantwortung für das Projekt übernehmen wird. In diesem Teil der Planungsphase geht es also vorrangig darum, die W-Fragen „wer, was und wie" zu beantworten. Dieser Schritt bildet eine wichtige Grundlage Ihres Projektplanes und wird für einen sauberen und direkten Start in Ihr Projekt dienen können. Der Sinn und Zweck dieses Schrittes ist es noch nicht, sich völlig über alle Details im Klaren zu sein, ganz im Gegenteil. Um genau zu sein, sollte dieser Teil eher wie ein spontanes Brainstorming funktionieren, in dem Sie sich über die gesamte Breite und Tiefe des Projektes hypothetisch Gedanken machen. Denn nur wenn Sie wissen, in welche Richtung sich das Projekt potenziell entwickeln könnte, sind Sie auch in der Lage, alle Möglichkeiten im Kopf auszulegen und zu planen. Versuchen Sie also, hier nicht zu genau zu werden, sondern das Projekt noch relativ abstrakt zu betrachten. Das wird Ihnen helfen, von Ihren sonstigen gedanklichen Barrieren Abstand zu nehmen und sich völlig auf Ihr neues Arbeitsumfeld einzulassen.

2. Die Entscheidungen

Haben Sie sich erst einmal für und gegen bestimmte Methoden und Strategien entschieden, ist es als Nächstes endlich an der Zeit, sich ein wenig mehr in die Details einzuarbeiten und deutlichere Entscheidungen zu treffen. Dies betrifft vor allem die Fragen, die Sie im vorangegangenen ersten Schritt noch nicht anschneiden konnten: In welche Tiefe kann ich mein Projekt laufen lassen, bevor es zu überwältigend wird? Welche Mitarbeiter und Kollegen sind hierfür am geeignetsten?

Die Kollegen, die Sie als geeignet erachten, sollten sorgfältig ausgewählt sein. Nicht nur die fachlichen und methodischen Kompetenzen müssen zu Ihrem Projekt passen, sondern ebenfalls muss die soziale Ebene passen sein und die Erfahrung sollte ebenfalls in Betracht gezogen werden. Ist es ein Projekt, für das neuere Mitarbeiter ebenfalls geeignet sind? Oder ist es im Interesse der Firma, am besten schon erfahrenere Mitarbeiter hiermit zu betrauen? Die Methoden, die Sie dazu in Schritt 1 bereits festgelegt haben, können hier die Entscheidung ein wenig erleichtern, denn nicht alle Mitarbeiter verstehen sich auf jede Methodik. Sollte das Projekt folglich eine solche verlangen, dann ist die Auswahl für Sie schon erfreulich eingeschränkt.

Selbstredend ist jeder Ihrer Mitarbeiter kompetent, sonst wäre dieser schließlich nicht in Ihrem Team – allerdings unterscheiden sich die einzelnen Kompetenzen Ihrer Mitarbeiter in einigen Schlüsselpunkten (Stichwort Mitarbeiter-Kompetenzanalyse). Je nachdem, welcher Mitarbeiter welche Stärke, welche Expertise, welche Erfahrung und welche Schwächen an den Arbeitsplatz mitbringt, kann es sich maßgeblich unterscheiden, ob ein Mitarbeiter geeignet für den Job ist oder nicht. Sie sollten sich fragen, wie die einzelnen Mitarbeiter miteinander arbeiten und ob diese sich gut ergänzen oder sich am Arbeitsplatz eher weniger gut verstehen. Davon kann der Erfolg oder die Niederlage Ihres Projektes ebenso abhängen wie die Qualität, durch die Ihr Projekt zu Ende gebracht wird. In jedem Fall bestimmt die Auswahl Ihrer Mitarbeiter den Grundtenor, den Ihr ein Produkt erhalten wird.

Dieser Schritt beinhaltet aber mehr Entscheidungen als bloß jene der Mitarbeiter und Kollegen, die an dem Projekt teilnehmen werden. So ist dies auch der Zeitpunkt, an dem bestimmt werden sollte, wer welche Verantwortung am Projekt tragen wird. Projektleiter und Schlüsselpersonen, wie beispielsweise jene des Marketings oder Controllings, müssen festgelegt werden, bevor die weitere Arbeit am Projekt stattfinden kann. Ebenfalls sollten eventuelle Partner wie Lieferanten oder Kooperationen mit anderen Firmen festgelegt werden, durch die das Projekt realisiert werden kann. Es ist wichtig, diese Positionen nach einiger Überlegung zu vergeben, denn auch sie können viel zu dem Endergebnis beitragen und sollten nur in vertrauenswürdige Hände gelegt werden. Vorrangig ist es also am wichtigsten in diesem Schritt, Einzelheiten über Logistik, Strategien zur Beschaffung von Materialien und zu den Beziehungen zwischen Ihren Mitarbeitern auszuarbeiten, wodurch Sie sicher sein können, dass Ihr Projekt nach Plan und ohne Fehler verlaufen kann.

3. Die Feinheiten

Bisher konnten in Ihrem Projekt Schlüsselpersonen, Logistik, Team und Methoden entschieden werden. All diese Entscheidungen bilden eine starke Basis für viele weitere Entscheidungen, denn erst ab hier beginnt sich das eigentliche Wesen Ihres Projektes zu entwickeln. Wie man so schön sagt: „Der Teufel steckt im Detail“. Dies triff ebenfalls auf Ihren Projektplan zu.

Durch die bislang getroffenen grundlegenden Entscheidungen ist es möglich, nun einige Details hinzuzufügen, die dem Projekt erst den entscheidenden „Touch“ verleihen, der es zu Ihrem einzigartigen Endprodukt macht. Ebenso wie bei den bisher erfassten Grundlagen ist es hier wichtig, wenn nicht sogar noch wichtiger, sicherstellen zu können, dass die Details einander nicht kontrahieren und das Projekt sabotieren. Die Planung sollte schließlich weiterhin dazu beitragen, dass die Zielerfüllung kein Wolkenschloss bleibt, sondern möglichst schnell und mit möglichst wenig Aufwand zu seinem Ende findet. Dazu werden in diesem Schritt einige tiefere Planungsebenen beschritten.

Eine Frage, die Sie sich stellen könnten, wäre zum Beispiel: In welchem Umfang werden die Beteiligten für ihre Arbeit oder das Projekt im Allgemeinen verantwortlich sein? Wie viel des Projektes liegt in den Händen des Projektleiters, also Ihnen selbst? An wen wird Verantwortung abgegeben, sollte dies notwendig werden? In diesem Schritt sollte somit auch an Worst-Case-Szenarien gedacht und explizit geplant werden, was dann getan oder welche Strategie im Notfall ergriffen werden kann, falls Kollegen krank, Mittel nicht erhalten oder Zeit und Geld kurzfristig zu knapp werden. Ebenfalls sollte eine angestrebte und eine zu vermeidende Strategie ausgearbeitet werden, um sich darüber klar zu werden, welche Interessen mit dem Projekt verfolgt werden und welche Aspekte als irrelevant von nun an ignoriert werden sollten. Dies wird maßgeblich dazu beitragen, sich nicht in eine falsche Richtung auszudehnen und an falschen Stellen zu sehr ins Detail zu gehen, was uns letztendlich nur Zeit, Geld und Aufwand kosten und schlimmstenfalls das Projekt zum Scheitern verurteilen wird. Auch inwiefern und ob überhaupt das Projekt vor anderen Abteilen geheim gehalten werden sollte oder wie eine Überwachung desselben stattfinden sollte, muss unbedingt vor Beginn der weiteren Arbeitsschritte abgeklärt werden.

4. Die Absicherung

Vielleicht sitzen Sie in einer großen und einflussreichen Firma und sind dies alles schon von vielen Projekten gewohnt. Womöglich sind Sie aber auch in einer kleinen Firma tätig, deren Durchbruch erst noch bevorsteht. In jedem Fall, auch wenn sich häufig die Frage stellt, wozu dieser Schritt gut sein soll, ist es wichtig, dass Sie für eine Absicherung sorgen.

Je größer und wichtiger das Projekt ist, das sie gerade bearbeiten, desto wahrscheinlicher wird es, dass einige Interessenkonflikte privater Natur auftreten und den Verlauf Ihres Projektes in verschiedene Richtungen drängen.

In diesem Schritt gilt es daher, zu klären, wie das Management geschützt werden sollte. Hierbei geht es primär darum, zu verhindern, dass das Management korrumpiert oder anderweitig zugunsten Außenstehender externe Interessen durchsetzt. Sie sollten sich folglich darüber Gedanken machen, welche Strategien Sie zur Auflösung oder zum Rückzug des Managements einsetzen möchten, um abzusichern, dass Ihr Projekt auch in einem solch extremen Fall zu Ende geführt werden kann. Auch wenn dies insbesondere für kleinere Firmen vielleicht weniger relevant scheint, kann man nie wissen, wer vielleicht versucht, sich heimlich einen Marktvorteil zu erkaufen oder zu erschleichen. Es ist besser, wenn Sie auf solche Fälle vorbereitet sind, auch, wenn Sie glücklich genug sein sollten, diese Strategien nie Anwendung finden lassen zu müssen.

5. Das Management

Den finalen Schritt bildet das Management des Projektes. Das bedeutet, stetig darüber Buch zu führen, welchen Inhalt und welchen Umfang die einzelnen Teilaufgaben des Projektes haben, welche gerade bearbeitet werden müssen und welche Mitarbeiter damit beauftragt wurden. In diesem Schritt werden ebenfalls die Mittel geplant, die vielleicht nachbestellt oder neu eingeplant werden müssen oder die vielleicht sogar eingespart wurden. Verfolgung der Deadlines und Qualitätskontrolle sowie alle anderen notwendigen Kontrollmittel sollten in dieser Planungsphase festgehalten werden, um schnell einsatzbereit zu sein, sollte die Arbeit an dem Projekt erst so richtig begonnen haben. Hier sollte sich auch erstmals Gedanken darüber gemacht werden, wer nach Fertigstellung welche Rechte an diesem Projekt für sich beanspruchen kann. Ebenfalls von hoher Wichtigkeit ist es, sich darüber Gedanken machen, welche Strategien man anwenden möchte, um seine Mitarbeiter zu belohnen oder zu bestrafen, je nachdem, wie sie ihre Aufgaben ausführen. Alle Fragen, die Ihnen einfallen, um sicherzugehen, dass Ihr Projekt reibungslos verläuft, sollten Sie in diesem Schritt notieren und sich Strategien zur Erfüllung überlegen.

6. Der perfekte Aktionsplan

Obwohl wir bereits so enorm viel Zeit damit verbracht haben, einen Projektplan zu erstellen, dass man meinen könnte, es gäbe wirklich nichts mehr an diesem Projekt, das noch ungeklärt ist, gibt es noch einiges zu tun: nämlich den Aktionsplan erstellen, der Ihr Projekt in wieder anderen Aspekten plant und Ihnen somit später viel Arbeit abnimmt.

Aber wie erstellt man denn nun einen Aktionsplan, und was muss darin überhaupt alles enthalten sein? Es sollte hierbei vor allem unterschieden werden, dass wir uns im Projektplan vorrangig mit Details und Plänen zur Strategie um das Projekt herum beschäftigt haben. Wir haben sozusagen durch unseren Projektplan das Baugerüst errichtet, müssen aber jetzt noch einen Plan darüber erstellen, wie wir das eigentliche Haus bauen wollen. Auch wenn dieser Bauplan logischerweise hier nur pauschalisiert an Sie weitergegeben werden kann, soll es im folgenden Abschnitt darum gehen, wie man am geeignetsten einen Aktionsplan entwickeln kann, was darin eingeplant werden muss und welche Dinge auf der anderen Seite nicht in einem Aktionsplan hineingehören. Für den Fall, dass Sie tatsächlich vollkommen neu im Management Ihrer

Projekte sind, können Sie sich zu einer geeigneten Visualisierung Ihres Aktionsplanes auch einige Vorlagen im Internet beschaffen oder selbst die Zeit aufwenden, sich eine eigene Zeitleiste anzulegen.

Die wichtigste Aufgabe, die ein Aktionsplan zu erfüllen hat, ist, eine grobe Übersicht über alle Aufgaben und Deadlines eines Projektes zu bieten. Dies beinhaltet nicht nur grobe Anhaltspunkte, sondern ebenfalls die Unteraufgaben, die Sie Ihren Teamkollegen weitergereicht haben, und jene Unteraufgaben, die sich diese wiederum selbst gestellt haben. Der Grund liegt auf der Hand: Nur wenn Sie alle Aufgaben überblicken, die derzeitig in Bearbeitung sind oder als Nächstes fällig werden, haben Sie die Kontrolle über Zeitmanagement und somit über den Verlauf Ihres Projektes.

Dazu zählen neben Terminen auch: die Beschaffung von Materialien, die Verarbeitung der Materialien, Bearbeitungszeit von Anfragen, die kreative Planungsphase sowie alle weiteren Schritte, die für das Management der kommenden Wochen fällig sind. Auch wenn die Liste scheinbar endlos ist, wird es von nun an Ihre Aufgabe sein, die Gesamtheit dieser Schritte nicht nur zu dokumentieren und zeitlich zu ordnen, sondern auch, stetig den Überblick über dies zu behalten, während das Projekt läuft.

Für einen akkuraten Aktionsplan ist es logischerweise auch notwendig, dass Sie den groben Zeitrahmen zur Planung benutzen. Im geschäftlichen Rahmen ist der Startpunkt des Öfteren zumeist das aktuelle oder zumindest ein nahe gelegenes Datum, weshalb die Planung schnell stattfinden sollte, damit keine kostbare Arbeitszeit verloren geht. Die Deadline variiert je nach Umfang des Projektes und wird entweder von Ihnen oder dem Kunden vorgegeben. Daher sind Start- und Enddatum meist die einzigen verlässlichen Variablen, mit denen Sie antreten, um alles Weitere zu planen. Das bedeutet, der Rest des Aktionsplans ist vollständig abhängig von diesen beiden Daten.

Zumeist ist es dazu hilfreich, wenn Sie die Aufgaben, die über den Verlauf des Projektes hinweg fällig werden, in Kategorien teilen und sortieren. Durch diesen Arbeitsansatz ermöglichen Sie sich selbst einen Überblick darüber, welche Aufgaben von welchen Teams übernommen werden können, welche Teilaufgaben eventuell schwieriger zu erledigen sind als andere – oder gegenteilig dazu, welche schnell abzuhaken oder vielleicht sogar weniger wichtig sind als andere. Durch diese Katalogisierung sowie das daraus folgende tiefere Verständnis für die Natur der zu erledigenden Aufgaben ist es Ihnen erstmals möglich, völlig zu überschauen, in welcher Reihenfolge die Aufgaben zu erledigen sind, welche parallel laufen können und welche einander bedingen. Besonders Letzteres ist nicht ungewöhnlich und bedeutet lediglich, dass das Endprodukt von Aufgabe 1 eine Voraussetzung für die Erledigung von Aufgabe 2 ist. Dies muss zwar nicht bei jeder Aufgabe oder sogar in jedem Projekt vorkommen, ist aber dennoch ein recht häufig auftretendes Phänomen, das oft zu Fehlplanungen führt, wenn Bedingungen zueinander unterschätzt wurden.

Teilweise müssen Aufgaben auch nacheinander erledigt werden, weil sie mehrere Zwischenschritte erfordern, weil Lieferungen erst später eintreffen oder Ähnliches. Wichtig ist, dass Sie sich, wenn Sie entscheiden, ob Aufgaben gleichzeitig oder nacheinander ausgeführt werden, für alle Fälle auch einen Back-up-Plan erstellen. Immerhin kann es Ihnen zu jeder Zeit zugutekommen, wenn Sie auf sämtliche „Wenns“ und „Abers“ vorbereitet sind. Was ist, wenn eine Lieferung nicht eintrifft? Alle ihre Kollegen krank werden? Im besten Fall haben Sie ein oder zwei Ausweichmöglichkeiten, auf die sie schnell zurückgreifen können, falls solch ein Notfall eintritt, ohne dass großartig an Zeit eingebüßt wird. Denn Zeit ist bekanntlich Geld – und wenn dies eingebüßt wird, lässt sich das später auch an der Qualität des Produktes deutlich erkennen.

Jetzt, da Sie herausgefunden haben, welche Aufgaben in welche Kategorie fallen und ob diese eher früher oder später im Aktionsplan auftreten sollten, können Sie endlich damit beginnen, die Aufgaben Ihren einzelnen Teams und/oder Kollegen zu übergeben. Es empfiehlt sich, dass Sie die Wegweisung nur bis dahin übernehmen, die übergeordnete Aufgabe, die sich aus dem Ziel deutlich macht, in grobe Einzelaufgaben zu unterteilen. Eine Unteraufgabe pro Team ist hier völlig ausreichend. Das konkretere Unterteilen in tatsächlich kleine und leicht zu erledigende Unteraufgaben sollten Sie Ihrem Team überlassen. Ihr Team kennt sich selbst schließlich am besten und weiß, welche Arbeitsschritte in welcher Kombination am besten zu erledigen sind. Ebenfalls sind die Aufgaben somit gleich besser an die Kompetenzen und Interessen Ihrer Mitarbeiter angepasst – das trägt ebenso dazu bei, dass Ihre Kollegen investierter in ihre Arbeit sind.

Ihre Sorge sollte vorrangig bleiben, das bestmöglich geeignete Team für jede Aufgabe zu finden. Wenn dies getan ist, liegt es gleichzeitig in Ihrer Verantwortung, jedem Team seinen Teil am Projekt so detailliert wie möglich zu erklären, damit es schnellstmöglich mit der Arbeit beginnen kann. Zu dieser detaillierten Erklärung der Aufgabe, die auf das Team zukommen wird, gehört es ebenfalls, zu besprechen wie viel Zeit für die Aufgabe eingeplant werden sollte.

Das Team kann dies am besten einschätzen, daher sollten Sie sich direkt mit Ihren Kollegen besprechen, was diese meinen, um das Datum direkt als Zeitblock in Ihre Aktionsplan-Visualisierung einzutragen. Solche Zeitblöcke zu errichten, ist übersichtlich und zeigt Ihnen somit auf den ersten Blick, wie lange jede Aufgabe maximal dauern darf – vor allem, wenn diese Aufgabe eine andere bedingt. Das Ende einer jeden Aufgabe und somit auch eines jeden Zeitblocks markiert eine Frist. Vielleicht nicht unbedingt jede einzelne, aber doch spätestens jede vierte Frist sollte als Meilenstein eine besondere Markierung in ihrem Aktionsplan finden. Anhand dieser Meilensteine können Sie während des Laufs der Zielerfüllung sicherstellen, dass Sie sich noch im zuvor festgelegten Zeitrahmen befinden. Wenn Sie so mit allen Aufgaben verfahren, die Sie bereits dokumentiert haben, dann haben Sie erfolgreich den Aktionsplan für Ihr Projekt erstellt! Hieran können Sie von nun an direkt überprüfen, ob dieser in seiner jetzigen Form auch ausführbar ist und bleibt. Dies ist leichter als gedacht, wenn man sich vor Augen führt, dass dieser aus mehreren Unteraufgaben, also folglich aus kleinen Zielen, besteht. Diese können Sie, wie bisher schon häufiger erprobt, ganz einfach anhand der SMART-Methode auf Realisierbarkeit überprüfen und somit die Oberhand über all die undurchdringlich wirkenden Teile Ihrer Projekte behalten.

7. Management durch erfolgreiche Delegation

Wir sind uns alle darüber im Klaren, dass zur Zielerfüllung in der Firma mehr als eine Person gehört. Das bedeutet allerdings nicht nur, dass eine Person die Aufgaben, die sie für zu leicht für sich selbst hält, delegiert, sondern vielmehr, dass eine faire Arbeitsteilung entsteht. Dies ist eine unumstößliche Tatsache, der sich jeder, der ins Arbeitsleben einsteigt, wohl oder übel zu fügen hat. Daher ist es umso wichtiger, dass Sie sich diesen Punkt zu Herzen nehmen und gut überlegen, wie und welche Aufgaben Sie an Ihre Kollegen weiterreichen möchten.

Viele Manager und allgemein Kollegen aller Hierarchiestufen unterliegen dem Irrglauben, dass Aufgaben zu delegieren ein Zeichen von Schwäche sei, das sie vor den Kollegen bloßstellen würde. Deshalb vermeiden viele Leuten dies und versuchen oftmals aus falschem Stolz, die gesamte Arbeitslast allein zu bewältigen. Doch genau hierin liegt das Problem, dessen sich viele nicht einmal bewusst sind. Oftmals sind unsere Aufgaben viel zu komplex und vor allem zu vielzählig, als dass wir sie alle immer allein bewältigen könnten. Mit dem Delegieren der Aufgaben verbinden die meisten jedoch oft negative Gefühle, weshalb schon das Wort für den einen oder anderen negativ belastet klingen mag. Schließlich möchte man den Kollegen nicht unnötig zur Last fallen. Und selbst wenn man weiß, dass das nicht der Fall sein kann, schämt man sich doch, dass die Kollegen eventuell denken könnten, man selbst sei bloß unfähig, seine eigene Arbeitslast zu stemmen.

Die wenigstens aber machen sich Gedanken darüber, wer wem welche Aufgabe delegiert. Die meisten von uns wissen schließlich, wie das Arbeitsleben wirklich funktioniert, und verbinden mit dieser Handlung nichts Negatives. Häufig sogar wurde schon bewiesen, dass die Kollegen nicht etwa schlecht von einer Führungskraft denken, die Aufgaben delegiert, sondern im Gegenteil fühlen sich die meisten Mitarbeiter mehr in das Unternehmen integriert, wenn diese gefragt werden, einige Aufgaben ihrer Vorgesetzten zu übernehmen. Eben weil die meisten Menschen das Delegieren von Aufgaben mit persönlichem Versagen verbinden, sehen sie ein solches Verhalten als absoluten Vertrauensbeweis ihrer Führungskraft an sie selbst an. Schließlich sind sie „von Hand" persönlich ausgewählt worden, um eine Aufgabe zu erledigen, die ihrer Position eigentlich nicht entsprechen würde. Das symbolisiert den Mitarbeitern nicht nur Vertrauen in die eigene Kompetenz, sondern ermöglicht es ihnen auch, eine Einsicht in eine andere Ebene des Unternehmens zu erhalten. Dies hat wiederum den Vorteil, dass so Mitarbeiter, die sich eventuell für eine Beförderung qualifizieren würden, bereits in höhere Positionen hineinschnuppern können. Dies kann sie bereits vor Antritt der Stelle genauestens auf diese vorbereiten. Zudem fühlen sich Mitarbeiter, auch wenn ihnen keine Beförderung bevorsteht, selbst deutlicher bestätigt und sind somit allgemein motivierter, für Sie und Ihre Firma zu arbeiten – schließlich sehen sie, dass Ihnen ihre gute Arbeit aufgefallen ist.

Somit kann zusätzliche Arbeit vom Gehirn als Belohnung erachtet werden und spornt die Menschen an, sich aus freiem Willen stärker in die Firma zu integrieren. Das wiederum führt dazu, dass der Mitarbeiter plötzlich auch mehr gewillt ist, sich stärker einzubringen als zuvor. Auf der anderen Seite können Sie natürlich auch einen Nutzen daraus ziehen, wenn Sie Ihre Aufgaben an Ihre Kollegen übergeben können. So können Sie sich mehr auf Aufgaben konzentrieren, die wirklich nur Sie persönlich erledigen können. Das bedeutet, dass diese Aufgaben über eine längere Zeit bearbeitet werden können, was zur Folge hat, dass Ihre Konzentration auf diese Aufgaben höher ist – und somit ebenfalls die Qualität weit über jener steht, die dabei herausgekommen wäre, wenn Sie das Projekt hastig zwischen all den anderen Aufgaben erledigt hätten. Wenn Sie also das Gefühl haben, dass eine Aufgabe durchaus von einem Ihrer Kollegen übernommen werden könnte, oder dieser Kollege vielleicht sogar kurz vor einer Beförderung steht, dann nutzen Sie die Chance – und delegieren Sie Ihre Aufgaben. Sie werden schnell die positiven Auswirkungen dieser einfachen Handlung spüren und sich mit mehr Konzentration und einem motivierteren Team an die Arbeit machen können.

Aber welche Aufgaben eignen sich zum Delegieren? Je nachdem, an wen Sie diese Aufgaben zu delegieren gedenken, können der Umfang, das Maß und der Inhalt der zu delegierenden Aufgaben variieren. Vor allem für neue Mitarbeiter eignen sich besonders kleinere Aufgaben, die eine hohe Dringlichkeit, aber eine niedrige Wichtigkeit in sich bergen. Das bedeutet vorrangig Recherchearbeiten oder die Pflege von Kontakten zu Geschäftspartnern. Auch anderweitige Routineaufgaben sind leicht von jedermann zu erledigen und bedürfen nicht spezifisch Ihrer – und NUR Ihrer – Aufmerksamkeit.

Die Kernarbeiten Ihrer Arbeit, wie Managementfragen, Planungen oder sonstiges, bleiben hingegen besser auf Ihrem eigenen Schreibtisch. Zwar ist es möglich, einige Teilaufgaben dieser ebenfalls zu definieren – jedoch ist es teilweise recht umständlich, Teilaufgaben zu delegieren, besonders wenn der andere nicht weiß, welche Vorarbeit geleistet wurde und was die gesamte Aufgabe eigentlich umfasst. Außerdem sollte logischerweise ebenfalls darauf geachtet werden, dass einige Aufgaben auch wegen der Geheimhaltung nicht an jeden weitergegeben werden können.

Welche Aufgaben sich folglich zur Weitergabe eignen, unterscheidet sich leicht von Arbeitsplatz zu Arbeitsplatz. Ein guter Anhaltspunkt kann es aber sein, nachzudenken, welche ähnlichen Aufgaben der Kollege eventuell bereits an seinem Arbeitsplatz erledigen musste und inwiefern sich diese Aufgaben miteinander decken. Nur wenn Sie sich auch tatsächlich sicher sind, dass der Kollege mit den Aufgaben an sich und auch dem erweiterten Arbeitspensum klarkommen kann, lohnt es sich, darüber nachzudenken, Aufgaben zu delegieren. Schließlich hat man nur doppelt Arbeit und vor allem ein verschlechtertes Arbeitsklima auf beiden Seiten, sollte der Mitarbeiter die Aufgabe nicht zu Ihrer Zufriedenheit ausführen. Hingegen kann es helfen, wenn Sie dem

Kollegen auch hier wieder ein konkretes Ziel setzen, das eine Art Erwartungsbild in sich trägt, damit dieses Risiko sich so gering wie möglich hält. Nachdem Sie die Aufgabe jedoch delegiert haben, nehmen Sie Abstand von der Aufgabe und vertrauen Sie Ihrem Kollegen, dass dieser die Aufgabe gut meistern wird. Auch ein gut gemeintes „Über-die-Schulter-Schauen" kann hier oft als Misstrauen gedeutet und als störend empfunden werden. Stattdessen ist es besser, Sie lassen sich die Aufgabe erneut von Ihrem Kollegen erklären, um zu sehen, ob er diese auch vollständig verstanden hat, und kontrollieren die Aufgabe erst, wenn sie fertiggestellt wurde und Sie eine solche Kontrolle noch immer für notwendig erachten.

8. Wie Sie Hindernisse aus dem Weg räumen

Kommunikationsfehler und leicht zu beseitigende Hindernisse

Ein wichtiger Punkt, der leider viel zu häufig dem Zufall überlassen wird, betrifft die Hindernisse, die sich Ihrem Projekt früher oder später eventuell in den Weg stellen könnten. Dabei können nicht nur Hindernisse wie Lieferengpässe uns das Projekt erschweren – vor allem Zweifel und Planungsfehler sind die häufigsten Gründe, weshalb Projekte sich verzögern oder nicht zur vollen Zufriedenheit aller Beteiligten fertiggestellt werden konnten.

So ist ein häufiges Hindernis eine unmissverständliche Kommunikation der Ziele oder eventuell sogar unklar formulierte Ziele. Diese Fehler sollten Ihnen nach der Lektüre dieses Ratgebers zwar kaum noch passieren, jedoch trotzdem noch einmal überdacht werden, bevor das Projekt gestartet wird. Ein weiteres Problem kann entstehen, wenn Sie die Attraktivität des Zieles nicht vollständig hervorheben konnten und Ihre Kollegen dem Ziel noch immer distanziert entgegenstehen oder kaum persönliche Einflusschancen auf den Verlauf des Projektes sehen. Dem können Sie leicht entgegenwirken, indem Sie offen mit Ihren Kollegen über das anstehende Projekt diskutieren und dabei herausfinden, wie diese zu dem Projekt stehen und ob sich an dieser Sichtweise eventuell noch etwas verbessern muss, bevor das Projekt gestartet werden kann.

Eine weitere Schwierigkeit, die weniger mit harten Fakten zu tun hat, sind diverse Planungsfehler. Sind die Deadlines auch wirklich realistisch gesetzt und einhaltbar? Oftmals scheitern Projekte daran, dass die Zeitvorgaben für einzelne Aufgaben ein wenig zu optimistisch geplant werden. Das beeinflusst logischerweise den Rest des Projektes und verschiebt den Projektplan, was wiederum an multiplen Stellen zu diversen Problemen führen kann. Auch hier ist die Lösung relativ einfach: Nehmen Sie sich schlicht und ergreifend lieber einmal mehr als zu wenig Zeit, um mit allen betroffenen Kollegen den Projektplan zu besprechen und diesen absegnen zu lassen. So können Sie dieses Hindernis umgehen. Sollte – aus welchen Gründen auch immer – beim Einhalten von Deadlines dennoch etwas schiefgehen, so können Sie zur Sicherheit noch einen alternativen Projektplan erstellen, der eine alternative Zeiteinteilung nutzt, sodass das Projekt nicht wegen ein paar nicht eingehaltenen Deadlines auf Eis gelegt werden muss.

Auch sollten Sie Ihrem Team klar aufzeigen, wer welche Verantwortung für das Projekt hält, damit es später nicht zu Verwirrung und Verwechslungen kommt, was im schlimmsten Fall ebenfalls ein großer Stolperstein für Ihre Projekte sein kann. Es lohnt sich also auch bei Meetings, immer wieder auf unterschiedliche Weisen zu prüfen, ob man alles gesagt hat und auch alle Teilnehmer das Gesagte verstanden haben.

Hindernisse, die außerhalb Ihrer Kontrolle liegen

Auch nicht zu vergessen sind weitere Probleme außerhalb Ihrer Kontrolle, denn diese sind, wenngleich auch unwahrscheinlicher, ebenfalls nicht unmöglich. Diese sollten Sie bereits bei der Erstellung des Projekt- und Aktionsplanes mit notieren, falls Ihnen mögliche solcher Hindernisse auffallen. Auch, wenn es außerhalb Ihrer Kontrolle liegt, all diese Hindernisse zu eliminieren, so ist es immer noch innerhalb Ihrer Kontrolle, sich auf alle Eventualitäten vorzubereiten und den Schaden schlimmstenfalls so gering wie möglich zu halten.

Wie bereits mehrfach betont, ist es dazu enorm wichtig, stets einen Plan B und möglichst sogar einen Plan C im Kopf zu haben, falls Plan A aus einem unbekannten Grund scheitern sollte. Sie können sich gedanklich oder tatsächlich nach Bedarf auch in Ihrem Arbeitsplan vermerken, an welchen Stellen eventuelle Schwierigkeiten entstehen könnten, um später in der Planungsphase darauf zurückgreifen zu können, um potenzielle Lösungen zu planen. Ist es möglich, dass einige Kollegen eventuell ausfallen, sei dies wegen Urlaub oder auch Krankheit oder Sonstigem? Herrschen derzeit Lieferengpässe – oder haben sich Ihre Lieferanten in der Vergangenheit bereits als eher unzuverlässig herausgestellt? Gibt es eventuell Unklarheiten über das Ziel, das erreicht werden soll, oder den Weg, der dahin führt? Erst wenn Sie jede noch so unwahrscheinliche Möglichkeit für ein Hindernis in Ihrem Plan ermittelt haben, können Sie sich daransetzen, zu versuchen, Lösungen für diese zu finden.

Je nachdem wie viel Budget für das Projekt eingeplant wurde, ist es vielleicht sogar sinnvoll, mehrere Kollegen auf dieselbe Teilaufgabe anzulernen und sie die Aufgabe von vornherein einfach zusammen erledigen zu lassen. Das würde zum Beispiel das Risiko abdecken, sollte ein Kollege krankheitsbedingt ausfallen. Dies können Sie noch weiterführen, und wenn Sie sich mit Ihren Teamkollegen zwecks der Aufgaben oder allgemeinen Planung besprechen, gleich auch diese noch nach Bedenken zu befragen, um sich eine andere Perspektive näherbringen zu lassen. Vielleicht sehen diese Schwierigkeiten an Stellen, die Sie für unproblematisch gehalten haben. In den meisten Fällen lohnt es sich, speziell für diesen Anlass ein Meeting einzuberufen. Eventuell kann dieses auch zeitgleich mit der Übermittlung des Arbeitsplanes stattfinden. Auf der anderen Seite jedoch sollten Sie nicht zu viel Zeit auf Eventualitäten verwenden, die potenziell nie eintreffen. Gefragt ist hier wie so häufig ein gesundes Mittelmaß an Vorsicht, das weder in Nachlässigkeit noch Paranoia abdriften sollte.

9. So motivieren Sie Ihre Mitarbeiter

Die Mitarbeitermotivation ist das A und O eines jeden gut funktionierenden Arbeitsplatzes. Motivation ist mehr als bloß jener Teil in uns, der uns sagt, ob wir Spaß an etwas haben oder nicht. Stattdessen ist Motivation gleichzusetzen mit der Menge an Energie, die wir zu investieren in der Lage sind. Ohne Motivation verläuft die Arbeit schleppend, man kann sich nicht konzentrieren, und eigentlich ist einem das Endergebnis nicht einmal sonderlich wichtig. Aus fehlender Motivation folgen somit leidende Qualität sowie eine unangenehme Arbeitsatmosphäre. Daher ist es enorm wichtig, dass Sie als Teamleiter sich dafür in der Verantwortung sehen, die Motivation Ihrer Mitarbeiter auf einem höchstmöglichen Niveau zu halten.

Bestimmt ist es schwierig, von außen eine Person zu motivieren, da Motivation immer aus einem selbst kommen muss. Aber auch wenn es schwierig sein kann, ist es keine unmögliche Aufgabe, Motivation aus anderen herauszukitzeln. Interessieren Sie sich dafür, wie Sie Ihre Mitarbeiter motivieren können, welche Strategien es dazu gibt und wie Sie Ihren Arbeitsplatz Schritt für Schritt umstrukturieren können, um das Bestmögliche aus Ihren Mitarbeitern herausholen zu können? Dann empfiehlt es sich, dass Sie den ersten Band unserer Reihe an Ratgebern lesen. In diesem wird Ihnen nicht nur die Wichtigkeit der Mitarbeitermotivation genauestens aufgezeigt und erklärt, sondern wir beschäftigen uns auch damit, wie Sie diese am besten und vor allem in leicht umsetzbaren Schritten erreichen können.

Daher sollen in diesem Abschnitt die Motivation Ihrer Mitarbeiter und Methoden zu deren Förderung lediglich angeschnitten und ausschließlich in Hinsicht auf die Zielerfüllung betrachtet werden. Dazu unterscheiden wir zwischen intrinsischer sowie extrinsischer Motivation. Wir beginnen damit, zunächst die intrinsische Motivation näher zu besehen und durch welche Methoden Sie diese in Ihren Mitarbeitern entfachen können, auch wenn es sich um Projekte handelt, die Ihre Kollegen vielleicht nicht nur nicht interessieren, sondern auch nicht herausfordern.

Intrinsische Motivation

Intrinsische Motivation bedeutet einfach gesagt eine Motivation von innen heraus. Das heißt, dass wir motiviert sind, weil wir ein bestimmtes Ziel erreichen möchten. Die Erfüllung dieses Ziels muss – wenngleich nicht zwingend eine große Sache – uns aber dennoch erstrebenswert genug erscheinen, dass wir bereit sind, Energie dafür bereitzustellen. Die Erfüllung dieses Ziels bedeutet für uns selbst Weiterentwicklung, ein verbessertes Verständnis über unsere Fähigkeiten, einfach nur ein gutes Gefühl, Glück …

Intrinsische Motivation entsteht dann, wenn wir die Erfüllung dieses Ziels als eine Art Erfüllung in uns selbst sehen können, uns das angestrebte Ziel Freude schafft oder Leid von uns nimmt. Das bedeutet, dass Sie bei Ihren Zielsetzungen unbedingt darauf achten sollten, einen dieser Aspekte zu integrieren, um den Mitarbeitern Mehrwert zu bieten. Dabei empfiehlt es sich in der Regel jedoch weniger, ihnen zu drohen. Wissenschaftlich erwiesen ist, dass irgendwann der Druck und die Drohung als gleichermaßen schlimm empfunden werden, was auch der Grund ist, weshalb Leute schlechter abnehmen, wenn Sie „nicht mehr fett sein“ wollen. Das Gleiche passiert, wenn Sie beispielsweise mit der Entlassung drohen. Das Gehirn setzt irgendwann den Schmerz über den verlorenen Arbeitsplatz mit dem Schmerz, den wir durch Leistungsdruck und Stress erfahren, gleich und „entlässt“ uns somit aus jeglicher Motivation.

Daher sollten Sie sich eher fragen, wodurch Ihre Mitarbeiter Freude oder Erfüllung erfahren können und sie damit zu motivieren versuchen. Welche Interessen haben Ihre Mitarbeiter, und wie lassen sich diese in das Projekt integrieren? Durch welche Aufgaben, die zur Zielumsetzung führen, können Ihre Mitarbeiter sich weiterentwickeln, ihre Fähigkeiten verbessern, austesten oder neu entdecken? Die Attraktivität Ihres Zieles bildet somit einen der wichtigsten Schlüsselfaktoren zur intrinsischen Motivation Ihrer Mitarbeiter. Doch so sehr man es auch versucht, bei einigen Zielen kann man das persönliche Interesse an der Arbeit einfach nicht mehr gewährleisten. Das ist nicht weiter schlimm und gehört genauso zum Arbeitsleben wie die interessanten Seiten – doch wie schafft man es in einem solchen Fall, seine Mitarbeiter zu motivieren?

Die Antwort ist nicht ganz leicht. Jeder ist verschieden, und auch die Arten, wie diese sich selbst zu motivieren wissen, sind so vielzählig wie Ihre Kollegen. Was man jedoch festhalten kann, ist, dass die meisten

Menschen auf dieselben Impulse gleichermaßen reagieren. Diese Impulse sind zum einen das Streben, sich zu verbessern, auch das Streben, besser als andere zu sein, sowie das Streben nach Glück und sofortiger Zufriedenheit. Aus diesem Grund kann es Ihnen helfen, regelmäßige Feedbacks zu erstellen. Ein solches Feedback sollte im Idealfall wichtige Schlüsselfaktoren enthalten, die Ihnen garantieren können, dass die Mitarbeitermotivation steigen wird.

Zum einen haben wir den ersten Impuls: das Streben der Menschen, besser als andere zu sein. Sollten Sie Ihr Feedback also herausgeben, lohnt es sich, einen anonymen Vergleich zwischen allen Mitarbeitern im Team zu integrieren. In diesem Vergleich sollten das durchschnittliche Arbeitsverhalten, das Arbeitsverhalten des besten Mitarbeiters und das Arbeitsverhalten jener Person enthalten sein, die dieses Schreiben erhält. Aufgrund der Tatsache, dass Menschen automatisch versuchen, der oder die Beste zu sein, ist es logisch, dass sie ihr eigenes Arbeitsverhalten mit dem besten Mitarbeiter sowie auch mit dem Durchschnitt vergleichen. Das Ziel ist automatisch die nächsthöhere Stufe. Sollte ein Mitarbeiter also sehen, dass er schlechter ist als der Durchschnitt, wird es sein neues Ziel sein, wenigstens den Durchschnittswert zu erreichen. Sieht ein Mitarbeiter, dass er besser als der Durchschnitt ist, aber dennoch schlechter als der best-arbeitende Mitarbeiter, wird dieser Mitarbeiter sofort ein kleines Freudengefühl erleben, da er weiß, dass er zumindest besser als einige andere ist. Ziel wird es aber sein, bis zum nächsten Feedback die höchste Stufe zu erreichen und den besten Mitarbeiter zu übertrumpfen. Dadurch ist Ihnen bereits ein kleiner Impuls für Motivation im Projekt gesetzt.

Die zweite Möglichkeit, die Ihnen diese Methode bietet, ist, eine sofortige Belohnung in dieses Schreiben einzuarbeiten. Dies kann eine sehr simple Geste sein. Zum Beispiel wird die bestmögliche Arbeit mit drei Smileys belohnt. Erhält der Mitarbeiter beispielsweise zwei der drei Smileys, dann ergeben sich gemischte Gefühle. Zunächst einmal ist es natürlich eine Belohnung, denn ein lächelndes Gesicht ist stets eine schöne Geste, doch gleichzeitig sieht man: „Oh, da ist noch Platz nach oben!" Beim nächsten Mal wird auch dieser letzte Smiley von uns abgeholt! So sinnlos und wiesenpsychologisch dies auch klingt, eine solch simple Geste kann uns tatsächlich enorm motivieren. Es müssen natürlich keine Smileys sein, Sie können auch kleine Bonbons an die Feedbacks hängen, je nachdem, wie gut Ihr Mitarbeiter sich entwickelt hat. Im Endeffekt ist es Ihre Entscheidung als Teamleiter, auf welche Weise Sie Ihr Team hier entlohnen wollen. Sie kennen Ihr Team schließlich am besten.

Die letzte wichtige Sache, die zu einem perfekt motivierenden Feedback gehört, ist, zudem einen Kontrollpunkt in dieses Feedback einzuarbeiten. Am besten sollten Sie nicht nur evaluieren, *wie* Sie den Mitarbeiter sehen, sondern auch, *warum* Sie ihn so sehen. Wann hat seine Leistung welche Höhen oder Tiefen durchlebt? Durch eine visuelle Darstellung des Arbeitsverhaltens über den genannten Zeitraum hindurch ist es den Mitarbeitern eher möglich, nachzuvollziehen, wann seine Tiefen und Höhen waren, um für sich selbst zu ermitteln, was der Grund für diese Spitzen gewesen sein mochte. Vor allem, da der Impuls bereits gesetzt ist, sich verbessern zu wollen, ermöglicht eine solche Visualisierung die Möglichkeit, eventuell niedrig liegende Spitzen in Zukunft zu vermeiden, indem es einem ermöglicht wurde, herauszufinden, was der Grund – egal, ob privat oder geschäftlich – für den Leistungsabfall war.

Zu guter Letzt sollten Sie (nicht nur in Ihrem Projekt, sondern auch allgemein) darauf achten, eine positive Sprache zu verwenden. Versuchen

Sie, Ihre Mitarbeiter dadurch zu motivieren, dass Sie ihnen zeigen, wie wertvoll sie für Sie sind. Selbst, wenn Sie Kritik zu äußern haben, formulieren Sie diese nicht als Beleidigung, sondern eher als Chancen des Mitarbeiters, sich weiter zu verbessern und weiterzuentwickeln. Es sollte schließlich nicht vergessen werden, dass Sie – obwohl Sie der Leiter des Teams sind – noch immer und vorrangig ein Teil des Teams sein und auch dementsprechend mit Ihren Kollegen umgehen sollten.

Eine weitere Form der Mitarbeitermotivation sind regelmäßige Mitarbeitergespräche. Wie bereits in Kapitel 1 erwähnt, ermöglichen Ihnen Mitarbeitergespräche eine Kontrolle darüber, zu erfahren, wie das Projekt bisher läuft, aus Sicht Ihrer Mitarbeiter. Das ermöglicht Ihnen nicht nur, das Projekt zu kontrollieren, sondern auch, bei Schwierigkeiten direkt eingreifen zu können, Fragen zu klären sowie potenzielle Kandidaten für Ihr Belohnungssystem ausfindig zu machen. Wichtig ist es aber auch, dass Sie diese Mitarbeitergespräche direkt dazu nutzen, Ihre Mitarbeiter weiter zu motivieren. Durch Feedbacks, Gespräche und das sich gegenseitige Kennenlernen ist es Ihnen eher möglich, den Mitarbeiter auf einer persönlichen Ebene kennenzulernen, was es Ihnen wiederum (für den nächsten Schritt) ermöglicht, eine bessere extrinsische Motivation für Ihre Mitarbeiter zu etablieren.

Extrinsische Motivation

Im Gegensatz zur intrinsischen Motivation steht die extrinsische Motivation. Diese zeichnet sich dadurch aus, dass die Motivation nicht zwangsweise aus uns heraus kommt, sondern durch äußere Faktoren beeinflusst wird. Solche äußeren Faktoren können Belohnungen sein, so wie Geld, eine Beförderung, Macht oder ähnliche in unserer Gesellschaft hoch angesehene Statussymbole. Das macht extrinsische Motivation zu einer heiklen Angelegenheit, die Sie einmal mehr auf einen schmalen Pfad zwischen „zu viel“ und „zu wenig“ schickt. Sollte sich bei Mitarbeitern zu stark auf extrinsische Motivation verlassen werden, kann es sein, dass Ihre Mitarbeiter irgendwann nicht mehr dazu bereit sind, Arbeit gegen nichts weiter als bloß ihr Gehalt zu leisten. Stattdessen fordern diese daraufhin für jede Anstrengung eine Extrabelohnung, die logischerweise nicht immer gewährt werden kann und auch sollte. Auf der anderen Seite kann es bei extrinsischer Motivation auch häufig dazu kommen, dass Mitarbeiter stetig geneigt sind, in ihrem Kopf abzuwägen, ob die versprochene Belohnung die (Mehr-)Anstrengung wert ist oder nicht. Falls diese zu dem Schluss kommen, es sei die Anstrengung nicht wert, dann vergeben Sie umsonst Lorbeeren, die eventuell keiner aus Ihrem Team wirklich verdient hätte.

Dennoch sollten Sie der extrinsischen Motivation nicht vollkommen abschwören. Allerdings ist diese Art der Motivation, wie Sie jetzt bereits sehen konnten, stets mit Vorsicht zu genießen. Intrinsische Motivation durch diese äußeren Motivationsfaktoren vollkommen ersetzen zu wollen, kann in der Regel nur nach hinten losgehen und ist in keinem Falle ratsam. Stattdessen sollten Sie beide Varianten zueinander passend ergänzen und Ihrem Mitarbeiterteam das Gefühl vermitteln, sich weiterentwickeln zu können, gefordert und wertgeschätzt zu werden – und eben ab und an diese Mühen auch mit einem kleinen Extra belohnt zu bekommen. Als passende Ergänzung zu intrinsischer Motivation bieten sich zwei Wege besonders an. Das ist zum Ersten ein funktionierendes Belohnungssystem und zum Zweiten das Prinzip von Lob und Anerkennung.

Bestimmt ist es in Ihrer Firma schon manches Mal passiert, dass besonders herausragend arbeitende Mitarbeiter für ihre Leistungen belohnt wurden – sei dies durch Geld oder ein paar Extratage Urlaub. Um jedoch die Motivation Ihrer Mitarbeiter weiter anzuregen, ist es nicht zwangsweise hilfreich, ihnen einen extra Scheck auszustellen. Im Gegensatz dazu kann es sogar helfen, wenn die Belohnungen künftig bewusst nicht mehr aus Geld bestehen. Auch wenn es zunächst ein wenig umständlicher ist, erhalten Sie weitaus mehr Effekt, wenn Sie, statt Geld zu vergeben, Ihre Mitarbeiter persönlich kennenlernen und herausfinden, wer diese außerhalb des Arbeitsplatzes sind. Dadurch gewinnen Sie tiefere Einblicke in das Privatleben Ihrer Kollegen und lernen vor allem deren Hobbys und Interessen genauer kennen. Diese Informationen können Sie fortan für künftige Belohnungen nutzen. Wenn wir sehen, dass unsere Arbeit unser Privatleben insofern unterstützt, dass sie unsere Interessen finanziert und uns vielleicht sogar neue Möglichkeiten schenkt, die wir ohne diese nicht gehabt hätten, sind wir eher dazu geneigt, Arbeit mit einem positiven Lebensgefühl zu verbinden. Das bedeutet, dass wir nicht nur in der Lage sind, die Arbeit als angenehmer, sondern gleichzeitig auch als für uns notwendiger zu betrachten.

Geld hingegen wird oft in Notwendigkeiten gesteckt: Dinge, die wir zwar brauchen, aber nicht wirklich wollen. Zum Beispiel finanzieren wir damit vielleicht die zwingend notwendige Autoreparatur, haben jedoch nicht wirklich das Gefühl, in irgendeiner Form belohnt worden zu sein. Das Geld ist weg – und zurück bleibt nur etwas, das wir von Anfang an ohnehin als Selbstverständlichkeit erachten. Haben Sie jedoch erfahren, dass Ihr Mitarbeiter erst kürzlich geheiratet hat, dann nutzen Sie doch dieses Wissen und verschenken Sie, statt des Geldes, eine gleichwertige Wochenendreise oder einen Aufenthalt in einem schönen Spa. Dies hat unumstritten einen sehr viel höheren Entspannungswert als die Autoreparatur und ermöglicht es somit, eine schöne Zeit mit dem Ehepartner zu verbringen, die sie anderweitig vielleicht nicht erlebt hätten.

Der zweite Weg, den Sie in Ihren Arbeitsalltag integrieren können, ist das Prinzip von Lob und Anerkennung. Hoffentlich benutzen Sie Lob und Anerkennung bereits intuitiv. Jetzt ist allerdings der Zeitpunkt gekommen, sich näher mit den motivierenden Nebeneffekten, die diese nach sich ziehen, zu beschäftigen, um dieses Prinzip intensiver und gezielt in Ihren Alltag zu integrieren. Dazu sollten Sie zunächst zu unterscheiden wissen, was Lob und Anerkennung grundlegend voneinander unterscheidet. Lob ist nicht mehr und nicht weniger als eine spontane Form des Danke-Sagens. Anerkennung auf der anderen Seite ist das Danken eines Mitarbeiters, der über eine lange Zeit gute Qualität und hochwertige Arbeit abgeliefert hat. Das bedeutet, dass Anerkennung viel tiefer reicht, als es Lob jemals könnte. Generell sollten Sie mit Ihrem Lob nicht allzu sparsam umgehen, es jedoch trotzdem ausschließlich in einem glaubhaften Rahmen gebrauchen. Wichtig ist in jedem Fall, dass hinter jedem Lob auch die Anerkennung spürbar wird, die Sie dazu bringt, in diesem Moment Lob auszusprechen. Und wenn Sie einen Mitarbeiter für lange, gute Arbeit Anerkennung erfahren lassen möchten, warum lassen Sie dann nicht einmal den gesamten Raum für den Mitarbeiter applaudieren? Eine solche Geste kostet wenig Zeit und gar kein Geld, kann jedoch dem gesamten Team ein deutlich besseres Gemeinschaftsgefühl schenken und so wiederum die Arbeitsatmosphäre wesentlich und positiv beeinflussen.

10. Effektive Effizienzsteigerung im Team

Logischerweise hängt das Ergebnis unserer Arbeit trotz der Wichtigkeit des richtigen Maßes an Motivation nicht ausschließlich von dieser ab, sondern wird auch von der Effektivität des Teams stark beeinflusst. Die Effizienz des Teams wiederum hängt eindeutig von der Effizienz des einzelnen Mitarbeiters ab. Mitarbeitermotivation und -effizienz gehen

Hand in Hand, und das eine ist ohne das andere kaum vorstellbar. Wie sollen wir schließlich motiviert bleiben, wenn wir unsere Arbeit nicht vorankommen sehen? Und wie wollen wir effektiv sein, wenn wir uns, aufgrund von mangelnder Motivation, nicht so recht auf das Projekt konzentrieren können? Aus genau diesem Grund ist es essenziell, dass Sie – wenn Sie Ihre Ziele erreichen möchten – nicht nur an der Mitarbeitermotivation arbeiten, sondern auch daran, wie Sie arbeiten – sprich, dass Sie und Ihr Team gleichermaßen eine effiziente Arbeitsweise an den Tag legen.

Wenn Sie mehr darüber erfahren möchten, wie Sie die Effizienz innerhalb Ihres Teams steigern können, welche Methoden es für die effiziente Tagesplanung Ihres individuellen Terminkalenders gibt und wie eine intelligente Pausengestaltung die Produktivität Ihres Arbeitstages steigern kann, dann sollten Sie ebenfalls in Betracht ziehen, den ersten Band dieser Reihe zu lesen. In diesem beschäftigen wir uns näher mit eben genannten Themen und gehen genauer darauf ein, wie Sie diese Strategien einfach in Ihr Arbeitsleben einbauen können. Da die Effizienz jedoch ebenfalls für die Umsetzung Ihrer Ziele von nicht unerheblicher Wichtigkeit ist, soll dieser Abschnitt das Thema nun ein wenig auffrischen, falls Sie den ersten Band bereits besitzen und gelesen haben. Falls dem nicht so ist, soll Ihnen hiermit ein grober Einblick darüber gegeben werden, was Sie bisher verpasst haben. Dazu beschäftigen wir uns zunächst mit Methoden des individuellen Zeitmanagements und später auch mit der Effizienzsteigerung durch Zusammenarbeit im Team.

Das Zeitmanagement eines jeden Menschen bleibt natürlich ihm oder ihr selbst überlassen. Wir alle haben andere Tagesrhythmen, Zeiten, zu den wir uns besser konzentrieren können als zu anderen. Vor allem aber haben wir alle unterschiedliche Aufgaben, die sich nicht pauschalisierbar in „den perfekten, effizienten Tagesplan" einbauen lassen. Somit muss ich Sie leider enttäuschen, dass im folgenden Abschnitt ein Satz den Schlüssel zum Erfolg verrät. Stattdessen geht es wieder einmal darum, bestimmte Strategien anzuwenden, um ein persönliches, bestes Ergebnis zu erhalten. Darum wollen wir unser Augenmerk nun auf die wesentlichen Faktoren richten, die es uns ermöglichen, unsere Konzentration den gesamten Tag über so hoch wie irgendwie möglich zu halten. Dazu zählen vor allem unsere Tagesplanung, die Nutzung unserer Pausen und unsere individuelle Zielsetzung. Zu Letzterem muss wohl kaum mehr viel gesagt werden. Wie Sie ihre Ziele SMART formulieren, sollte Ihnen bereits hinreichend bekannt sein.

Nun geht es folglich nur noch darum, diese Tagesziele auch möglichst schnell umzusetzen. Denn das ist die eigentliche Definition von Effizienz: so schnell wie möglich durch Nutzung von so wenig Ressourcen und Energie wie möglich an ein Ziel zu gelangen. Dadurch ist die Integration von Effizienz in unseren Arbeitsalltag maßgeblich bestimmt durch unser persönliches Zeitmanagement. Die Schwierigkeit besteht jedoch darin, diese Effizienz über einen langen Tag hinweg beizubehalten – und das mehrere Tage hintereinander. Dabei ist es wichtig, dass wir Effizienz nicht zwangsweise mit Produktivität im quantitativen Sinne verwechseln. Ihr Ziel sollte nicht vorrangig sein, so viel wie möglich in einen einzelnen Tag zu quetschen. Das mag vielleicht klingen, als würde es genau im Kontrast zu dem stehen, was gerade gesagt wurde. Schließlich wollten wir doch gerade noch möglichst schnell Projekte umsetzen, oder nicht? Man sollte hierbei nicht aus den Augen verlieren, dass unser Arbeitstag in der Regel nicht länger als acht Stunden dauert. So gesehen ist es unmöglich, alle Aufgaben an nur einem einzigen Arbeitstag zu schaffen, vor allem, wenn wir versuchen, einige Mühe in diese Aufgabe zu stecken, und diese auch von gewisser Qualität zeugen soll.

Deshalb empfiehlt es sich, jede Aufgabe in ein Schema einzuteilen, das Auskunft über die Wichtigkeit und Dringlichkeit der jeweiligen Aufgabe gibt. Ist ein Ziel sowohl wichtig als auch dringend, dann sollte es logischerweise sofort von Ihnen selbst erledigt werden. Ist ein Ziel dringend, aber nicht sonderlich wichtig, dann ist dies ein klassisches Beispiel für eine Aufgabe, die Sie an einen Ihrer Kollegen delegieren können. Sollte eine Aufgabe wichtig, aber nicht dringend sein, können Sie diese Aufgaben zeitlich nach hinten verschieben, um sie später selbst zu erledigen. Eine Aufgabe, die sich weder als wichtig noch dringlich qualifiziert, sollten Sie in die Ablage oder direkt in den Mülleimer verbannen, da diese Sie in Ihrem Arbeitsalltag nur stören würde. Wenn Sie nach diesem Schema Ihre Aufgaben sortiert haben, sollten Sie bei nicht mehr als zwei bis maximal fünf Aufgaben pro Tag enden. Sind Sie erst an diesem Punkt angekommen, ist es wichtig, dass Sie Ihren nächsten Arbeitstag sorgfältig planen und durchstrukturieren. Dies sollte stets am Abend zuvor geschehen, um den nächsten Tag direkt von Anfang an richtig nutzen zu können und Ihren „morgendlichen Schwung“ Sie durch die ersten Kleinigkeiten des Tages tragen zu lassen.

Die letzte Aufgabe eines jeden Arbeitstages sollte es somit sein, den nächsten Tag vorzuplanen und die Aufgaben des dieses Tages in Zeitblöcken darzustellen. Diese Methode nennt sich „Time Blocking“ und visualisiert somit Ihren Tag auf eine sehr simple Weise, die es Ihnen dennoch ermöglicht, durch nur einen einzigen Blick herauszufinden, was Ihre nächsten Termine sein werden. Vergessen Sie dabei nicht, Ihre Pausenzeiten ebenfalls in Ihren Tagesplan einzutragen, und sorgen Sie während Ihrer Arbeitszeit auch dafür, dass Sie diese Zeiten einhalten können. Es ist außerdem wichtig, dass Sie für jede Aufgabe etwa 20 bis 30 Minuten mehr einplanen, als Sie eigentlich für die Aufgabe zu brauchen glauben. Für den Fall, dass während der Arbeit an einer Aufgabe Schwierigkeiten auftreten, ist es Ihnen so möglich, dennoch im Zeitplan zu bleiben und folgende Termine nicht zu verpassen. Folglich zahlt es sich aus, mit den Aufgaben des Tages nicht mehr als 60 % Ihrer Arbeitszeit verplanen. 20 % bleiben übrig für unvorhergesehene Verzögerungen, und 20 % sollten Sie als Ruhephasen einplanen.

Um während einer Aufgabe konzentriert bleiben zu können, empfehlen sich Methoden wie die oft erprobte Pomodoro-Methode. Sinn und Zweck dieser Methode ist es, während unserer Arbeitszeit einige kleine Zeitabschnitte einzuplanen, in denen Sie von schwierigen Aufgaben zurücktreten und Aufgaben erledigen, die auf Autopilot laufen können, damit Sie für den nächsten Arbeitsabschnitt wieder volle Gehirnleistung erbringen können. Das bedeutet, dass Sie 25 Minuten konzentriert arbeiten, um dann 5 Minuten Pause zu machen. Diesen Vorgang wiederholen Sie viermal, bis Sie, um den Zyklus abzuschließen, eine halbe Stunde Pause machen sollten. Dies funktioniert wie HIIT-Training für unser Gehirn. Die Ruhephasen, in denen wir unser Gehirn ausspannen lassen und es nicht großartig anstrengen, dienen dazu, dass sich unsere viel geforderten Hirnzellen in Ruhe regenerieren und wir uns später gleich stark konzentrieren können, ohne dass wir uns überanstrengen oder zu schnell ermüden. Das bedeutet aber nicht gleich, dass Sie in diesen Pausen komplett nichts für die Arbeit tun können. Sie können diese Pausen zum Beispiel zum Beantworten von E-Mails oder für kurze Telefonate nutzen. Sie könnten kleinere Botengänge machen oder tatsächlich eine kleine Kaffeepause einlegen. Ein kleiner Bonuseffekt dieser Methode ist auch, dass wir erneut vom Phänomen des Endspurtes profitieren können. Da wir ein Ende unserer Arbeitszeit in relativ kurzer Zeit sehen, ist es uns leichter möglich, uns zu motivieren, alles zu geben. Die Pause können wir dann ruhig verbringen und mit neuem Elan in die neue Arbeitsphase starten. Je nachdem, wie es Ihnen am liebsten ist, können Sie die Zeit auch etwas verlängern oder verkürzen. Wichtig ist aber, dass Sie die Zeit nicht auf fünf Minuten verkürzen oder auf eine Stunde verlängern, sondern die Arbeitsphasen in einer gesunden Relation zu den Pausenzeiten halten, damit Sie diese mit 100 % Elan nutzen können. Auch wenn es anfangs weniger effektiv klingt als Ihre jetzige Arbeitsstrategie, kann Ihnen versichert sein, dass die Pomodoro-Methode nicht nur bei Schülern und Studenten bisher große Erfolg zeigte, sondern auch wissenschaftlich erwiesen zu effizienteren Ergebnissen führt.

Auch wie Sie Ihre Pause nutzen, kann maßgeblich dazu beitragen, wie effektiv Ihre Arbeitszeit verläuft. Sich selbst zu fragen, wie Ihr Tages- und Biorhythmus funktionieren, ist ein essenzieller Startpunkt hierfür. Durch eine Dokumentation der eigenen Hoch- und Tiefphasen über den Tag erhält man einen genaueren Einblick darauf, wie man „tickt" und somit auch, wie man diese Zeiten an seinen Arbeitsalltag anpassen kann. So können Sie eben so gut wie möglich Ihre Pausenzeiten auf die Phasen in Ihrem Tag legen, in denen Sie ohnehin eher durchhängen. Phasen, in denen Sie Energiehochs erfahren, können im Gegenteil dazu genutzt werden, sich eher komplexeren Aufgaben zu verschreiben. Bei manchen kann dies mittags nach dem Essen der Fall sein, bei einigen am späten Nachmittag. Wichtig ist, dass Sie für sich selbst dokumentieren, was Sie tun oder essen, wann Sie schlafen und so weiter, um so herauszufinden, wann Ihre persönlichen Hoch- und Tiefphasen sind, um diese effizient in Ihre Tagesplanung miteinzubeziehen.

Die Art, wie Sie Ihre Pause verbringen, bleibt Ihnen selbst überlassen. Jedoch ist es wichtig, dass Sie Ihre paar Minuten Freiheit nicht einfach vergeuden, sondern so effektiv wie möglich zum Ausruhen verwenden. Eine effiziente Pause klingt schlimmer, als es ist. Damit ist nicht gemeint, nebenbei noch schnell etwas Arbeit zu erledigen, sondern die Pausenzeit klug aufzuteilen, um so viel neue Energie zu tanken, wie es Ihnen möglich ist. Dazu sollten Sie nach Möglichkeit frische Luft schnappen, um Ihr Hirn mit möglichst viel Sauerstoff zu versorgen. Das sorgt mit Leichtigkeit dafür, dass Ihr Gehirn mit mehr Sauerstoff versorgt wird und somit klarer zu denken in der Lage ist. Gleichzeitig sollten Sie Ihre Pause – so gut es geht – in Einzelteile spalten. Zunächst in einen Teil, den Sie mit niemandem außer sich selbst verbringen – diesen Teil Ihrer Pause können Sie dazu nutzen, Ihren Interessen nachzugehen oder einfach nur in Stille Ihr Essen zu genießen. Sie können diese Zeit auch nutzen, um einen Powernap zu machen, falls Sie die Art Person sind, bei der ein Powernap erfrischend wirkt. Einen anderen Teil Ihrer Pause sollten Sie nach Möglichkeit mit Ihren Kollegen verbringen, um diese näher kennenzulernen sowie Ihre sozialen Bedürfnisse zu befriedigen. Dies kann Ihnen nicht nur während der Arbeit helfen, sondern lockert die gesamte Arbeitsatmosphäre angenehm auf. Außerdem haben Sie so während Ihrer Arbeitszeit, in der Sie schließlich eher weniger in Kontakt zu Freunden und Familie stehen können, weniger das Gefühl, etwas zu verpassen. In Ihren Pausen ausreichend zu trinken und zu essen, ist ebenfalls wichtig, da Hunger und Durst während der Arbeit zu den größten Konzentrationskillern zählen, die man sich vorstellen kann. Auch ein wenig Bewegung wird Ihnen in Ihren Pausen sehr guttun, da Sie so den Blutfluss anregen können, was ebenfalls dazu führt, dass Ihr Konzentrationsvermögen erhöht wird. Zu guter Letzt kann es genauso hilfreich sein, Ihre Pausen zu planen, wie es das ist, Ihren Arbeitstag zu planen. Sind Sie ein Vielleser, so können Sie sich vornehmen, Ihre Pause damit zu verbringen, ein Kapitel des neuen Buches zu lesen, mit dem Sie sich aktuell beschäftigen. Während der Arbeitszeit auch persönliche Ziele zu erfüllen, wird Ihnen ein besseres Gefühl über Ihre persönliche Effizienz über den Tag hinweg geben, wodurch Sie in der Lage sind, allgemein motivierter zurück in die Arbeit zu starten.

13 STRATEGIEN FÜR ERFOLGREICHES TEAMWORK

Zur Bewältigung nahezu jeden Problems, dem wir im Laufe unseres Lebens begegnen, sind immer mehrere Menschen gefragt. Dies trifft sowohl auf den persönlichen Bereich als auch auf den geschäftlichen zu. Oft sind wir nicht allein in der Lage, alle Aspekte des Problems zu begreifen, brauchen Rat, einen zweiten Standpunkt oder zumindest emotionale Unterstützung. Bei geschäftlichen Problemen noch viel mehr als bei privaten ist es wichtig, die diversen Ideen, Kompetenzen und Expertisen zu vereinen, die Ihr Team zu bieten hat, denn nur so lässt sich das bestmögliche Produkt erwarten. Um ehrlich zu sein, werden Sie selten bis nie in der Lage sein, Ihre Probleme komplett allein zu bewältigen, und sind somit zwingend darauf angewiesen, gut mit anderen Menschen zusammenarbeiten zu können.

Dazu ist es wichtig, nicht nur die fachlichen Kompetenzen Ihrer Mitarbeiter zu fördern, sondern auch die Sozialkompetenz regelmäßig zu trainieren und Ihre Mitarbeiter einander gegenseitig gut kennenlernen zu lassen. Dies vereinfacht ein effektives miteinander Auskommen, optimale Kompromissfindung und stärkt den gegenseitigen Respekt. Jedoch ist Teamwork am Arbeitsplatz nicht nur aus fachlicher und sozialer Sicht unumgänglich, sondern lässt sich zeitgleich auch dazu nutzen, die Motivation und Effizienz Ihrer Mitarbeiter über den Verlauf eines Projektes konstant auf einem hohen Niveau zu halten, sodass Sie Ihre Ziele weitaus schneller erreichen können, als wenn Sie versuchen würden, Ihre Kollegen im Projekt zu isolieren und jeden nur seine eigene Aufgabe erledigen zu lassen. Denn gemeinsam können die Kollegen ihre Schwächen gegenseitig ausgleichen und ihre Stärken maximieren, wodurch sich häufig ein gutes Stück Zeit sparen lässt.

Um jedoch mehrere Kollegen zu Teams zusammenzusetzen und diese effektiv für sich arbeiten zu lassen, bedarf es mehr als nur einer einfachen Ansage. Mehrere Voraussetzungen müssen erfüllt sein, um ordentliches Teamwork erst in Gang setzen zu können. Dazu sollten Sie bereits bei der Wahl zukünftiger Mitarbeiter beginnen. Denn nur wenn diese auch teamfähig sind und für dieselben Werte und Ziele stehen wie Sie und Ihre bisherigen Mitarbeiter, kann der Neuling sich im bestehenden Team überhaupt behaupten. Zusätzlich muss sich vorher auch darum gekümmert werden, in welcher Art und Weise Sie Ihr Teamwork in Ihr Abteil integrieren möchten. Dazu sollten Sie erneut selbst als Vorbild wirken und Ihren Kollegen auch dann, wenn sie eigentlich nicht wirklich in ein Team eingeordnet werden, doch immer kollegiales und soziales Verhalten vorleben, eben so, wie Sie sich dieses auch von Ihren Mitarbeitern vorstellen.

Schließlich sollte auch, während Ihre Teams schon etabliert wurden und bereits fleißig bei der Arbeit sind, stetig überprüft werden, dass diese auch ordentlich instand gehalten werden, um eine künftige Zusammenarbeit gewährleisten zu können. Auch, wenn es seine Zeit kosten wird, in der Sie mit Vorbereitungen, Überprüfung und Instandhaltung, Feedbacks und Mitarbeitergesprächen wie überwältigt scheinen, werden Sie selbst bemerken, dass Ihnen die Strategien bald nicht mehr wie

Arbeit vorkommen und schnell von der Hand gehen. Die Anwendung dieser Praktiken wird Ihnen bald die gewünschten Ergebnisse einbringen, die Sie sich seit langer Zeit erhoffen, und somit in jedem Fall die Mühen wert sein.

Voraussetzungen für effektives Teamwork

1. Die Kompetenzen Ihrer Mitarbeiter

Bevor Sie von effektivem Teamwork profitieren können, müssen einige Dinge hinsichtlich der Bildung potenzieller Teams geprüft werden. Zu erfolgreicher Teamarbeit zählen vorrangig die Mitglieder des Teams, das Sie bilden wollen. Noch bevor Sie irgendeine Art der Zusammenarbeit beginnen können, sollten Sie daher versuchen, Ihre Mitarbeiter bis ins kleinste Detail kennenzulernen. Auch hierzu finden Sie in Buch 1 wichtige Hinweise, wie Sie eine detaillierte und brauchbare Mitarbeiterpotenzialanalyse durchführen können.

Wichtig ist es vorrangig, dass Sie die vier verschiedenen Kompetenzebenen Ihrer Kollegen analysieren und herausfinden, über welche Sozial-, Methoden-, Konflikt-, und Fachkompetenzen Ihre Mitarbeiter verfügen. Für eine optimale Teamarbeit ist es nun vorrangig wichtig, dass Sie sich Gedanken darüber machen, wie Sie diese Kompetenzen zu einem erfolgreichen Zusammenspiel bringen können. Dabei ist es essenziell, dass die Kollegen sich bereits gut miteinander verstehen und eine Zusammenarbeit nicht daran scheitert, dass die Persönlichkeiten der Teammitglieder in einem zu starken Kontrast zueinander stehen. Jedes Team sollte ebenfalls eine Persönlichkeit inkludieren, die ein gewisses Führungspotenzial in sich trägt. Da jedes Team eine Führungskraft benötigt, die zwischen Ihnen und dem Team vermittelt, Aufgaben unter- und verteilt sowie die Verantwortung für die Arbeit des Teams übernehmen muss, ist es wesentlich, diesen Aspekt frühzeitig in der Planung zu berücksichtigen. Es kann nämlich durchaus auch zu Konflikten führen, wenn sich zwei Führungspersönlichkeiten auf zu engen Raum häufiger begegnen.

Die sonstigen Kompetenzen liegen je nach Gefallen in Ihren Händen. Sie können relativ ausgewogene Teams bilden, sodass in jedem Team dieselben Stärken vertreten sind und somit jedes Team jede Aufgabe gleichermaßen gut bewältigen kann. Das hat den Vorteil, dass, wenn Sie ein Projekt vorgelegt bekommen, das sich in viele einander ähnliche Unteraufgaben teilt, diese sich problemlos und zügig abarbeiten lassen. Auf der anderen Seite können Sie auch mehrere kleine Expertenteams bilden, in denen jeweils ein bestimmtes Spektrum an Kompetenzen stärker ausgeprägt ist als andere. Dadurch werden sich die Teams untereinander besser ergänzen und spezifische Probleme schneller und innovativer lösen können. Jedoch darf hier auch nicht vergessen werden, dass die Bildung von sehr homogenen Gruppen auch nicht zielführend ist. Sie sollten darauf achten, dass Ihre Teammitglieder sich nicht zu ähnlich sind, damit die gesunde Diskussion, die bei besonders diversen Gruppen häufig zu beobachten ist, nicht völlig verloren geht. Ähneln die Gruppenmitglieder einander zu sehr, dann passiert es oft, dass durch eine sich zu sehr gleichende Denkweise auch das erstbeste Produkt „durchgewunken“ wird, obwohl dieses womöglich mehr Perspektiven hat als zunächst angenommen. Auch kann es so schnell passieren, dass sich Kollegen langweilen, da Mitarbeiter mit gleichen Stärken logischerweise dieselben Aufgaben gut erledigen können, wenn es davon aber zu wenige gibt, fühlen sich nicht alle Mitarbeiter gleichsam in das Projekt eingebunden, was Demotivation schafft. Auch wenn Sie die

Kompetenzen ausgleichen wollen, versuchen Sie dennoch, Ihre Teams so divers wie möglich aufzubauen, um all diese negativen Effekte zu vermeiden. Die Wahl liegt an Ihnen und Ihrem Arbeitsumfeld!

2. Die perfekte Teamgröße

Ebenso ist es wichtig, wie das Team an sich aufgebaut ist und welche Art Persönlichkeiten in einem Team optimalerweise enthalten sein sollten. Zudem ist die Größe der Teams ausschlaggebend über Erfolg oder Misserfolg. Ein Team sollte eine angemessene Größe haben. Das heißt, zwei Leute mit derselben Aufgabe zu betreuen, ist kein Teamwork. Der Sinn und Zweck eines Teams ist schließlich, dass dieses sich die Arbeitslast teilt und sich die Einzelnen gegenseitig ergänzen. Dabei sollte dies auch möglich sein, falls ein Krankheitsfall vorliegt oder ein Mitglied der Gruppe im Urlaub ist.

Auf der anderen Seite kann man aber auch viel an seiner effektiven Arbeitsgruppe zerstören, wenn man diese zu groß plant. Zwar scheint es so, als würden mehr Menschen mehr Kompetenzen in die Gruppe bringen und diese dadurch wertvoller machen – doch dies ist ein Trugschluss. Irgendwann wird es für die Mitglieder des Teams zu unübersichtlich, Kompetenzen doppeln sich und Folge sind Langeweile und Streitigkeiten. Wieso? Nun, der Schlüssel zum Erfolg effektiver Arbeitsteilung liegt schließlich in der Kommunikation der Teammitglieder untereinander. Sollte Ihre Gruppe aus sieben oder mehr Personen bestehen, bilden sich unbeabsichtigt Untergruppen, die häufig die Gruppendynamik unangenehm beeinflussen. Grund dafür ist, dass selbst, wenn sich die Teammitglieder gut verstehen, in einer solch großen Gruppe unmöglich jede Stimme Gehör finden kann. Das kann also schnell dazu führen, dass einige Mitglieder sich hier überflüssig fühlen. Dies ist vor allem der Fall, wenn ein paar Mitglieder durch die schiere Größe ihres Teams nicht genug Arbeit zum Erledigen vorgelegt bekommen. Ihre Kompetenzen werden bereits durch andere Kollegen gedeckt, und sie fühlen sich nutzlos. Folgen sind ein sofortiges Verschwinden jeglicher Motivation sowie Gereiztheit am Arbeitsplatz.

Deshalb empfiehlt sich, eine durchschnittliche Größe von vier oder fünf Mitgliedern pro Team beizubehalten. So bleibt nach wie vor genügend Arbeit für alle da, die Wahrscheinlichkeit, dass sich Kompetenzen doppeln, ist geringer, und trotzdem ist die Gruppe nicht zu klein, um nicht auch agieren zu können, sollte ein Gruppenmitglied einmal nicht zur Arbeit erscheinen.

3. Erfolgreiche Arbeitsstrukturen

Wie Sie bereits erahnen konnten, als es im vorherigen Abschnitt zu den Kompetenzen Ihrer Mitarbeiter darum ging, dass jedes Team eine Führungskraft benötigt, ist es am effektivsten, Ihren Teams eine Hierarchie und Struktur zu verleihen, die nicht nur allen Mitgliedern des Teams wohlbekannt sein sollten, sondern die auch eingehalten und respektiert werden. Diese „Vorgesetzten" der Einzelteams könnten nicht nur potenzielle Kandidaten für die nächste Beförderung sein, sondern sollten vor allem in einem regelmäßigen Austausch mit Ihnen als oberstem Teamleiter stehen. Schließlich sind Sie für Statusmeldungen, Fragen und anderweitige Informationen, die zwischen Ihnen und den Teams ausgetauscht werden müssen, verantwortlich und zeitgleich auch dafür zuständig, die ihnen delegierten Aufgaben in wieder und wieder kleinere Unteraufgaben zu untergliedern und diese an die übrigen Teammitglieder zu verteilen. So wird gewährleistet, dass die Gruppe nicht vollkommen von Ihnen abhängig ist, sodass Sie die Teams nicht doch noch mehr Zeit kosten, als Sie durch die Teams an dieser einsparen würden. Im Gegenteil sind Sie so in der Lage, sich völlig auf Ihre eigenen Aufgaben zu konzentrieren, während die Gruppen ihre eigene Dynamik entwickeln und effektiv Ziele verwirklichen können. Diese Vorgesetzten sollten weise auf die einzelnen Teams verteilt werden. Allerdings sollte das Profil dieser Mitarbeiter, das durch die Kompetenzanalyse gewonnen wurde, nicht der einzige Anlass sein, aufgrund dessen Sie diese Person zum Teamleiter erklären wollen. Auch persönliches Vertrauen, Respekt und Erfahrung sollten in die Entscheidung einfließen, schließlich wird besagte Person in Zukunft in häufigerem Kontakt zu Ihnen stehen.

4. Produktive Arbeitsatmosphäre

Doch auch wenn Sie Ihr Team nach den hier vermittelten Regeln gebildete haben, entfaltet sich das volle Potenzial Ihrer Teams erst, wenn sich die Teammitglieder in einer angenehmen und sicheren Arbeitsatmosphäre wissen. Das bedeutet vor allem, dass Ihre Mitarbeiter einander und auch Ihnen gegenüber Vertrauen entgegenbringen müssen.

Damit dieses Vertrauen in sämtliche Richtungen funktionieren kann, sollten Sie versuchen, Möglichkeiten in Ihre Arbeitswelt einzubauen, durch die Sie einander möglichst intensiv kennenlernen. Versuchen Sie doch einmal, einen Firmenerfolg durch ein gemeines Essen im Büro zu feiern, um das Zusammengehörigkeitsgefühl zu stärken und sich einmal mehr außerhalb Ihres professionellen Auftretens zu zeigen. Gleichsam aufschlussreich kann es sein, sich in den Pausen manchmal ausschließlich privater Natur mit Ihren Kollegen zu unterhalten und so in Erfahrung zu bringen, wofür diese sich interessieren, um dann vielleicht einen Nachmittag gemäß gleichen Interessen gemeinsam im Team zu verbringen.

Ziel ist es hier, den Mitarbeitern zu zeigen, wen sie während ihres Arbeitsalltages so vor sich haben und diese Menschen zu respektieren und schätzen zu lernen. Dadurch können Sie erreichen, dass Ihre Mitarbeiter sich nicht nur in einem freundlichen Umfeld wissen, sondern sich ebenfalls sicher mit Ihren privaten Gefühlen wissen, wodurch sie auch im Arbeitsalltag mit einer neuen Haltung an die Arbeit gehen können. Das erhöht nämlich die Chance, dass Ihre Mitarbeiter mit innovativen Ideen oder eventuell auch Kritikpunkten und Fragen weniger „hinter den Busch halten" und direkt damit auf Sie zukommen. Das wird Ihnen auf lange Sicht nicht nur Zeit einsparen und die Arbeitsatmosphäre in Ihrem Büro auflockern, sondern überdies dafür sorgen, dass Sie und Ihr Team sich gegenseitig inspirieren und sich somit vielleicht großartige neue Möglichkeiten vor Ihnen auftun. Gleichzeitig sorgen Sie so schon einmal dafür, dass die Kommunikation Ihrer Kollegen bereits perfektioniert ist, noch bevor Sie mit den Unterteilungen in Teams begonnen haben. Durch diese Vorbereitungsmaßnahme, die grundlegend für nahezu alle Motivation und ohne die auch die Entfaltung des persönlichen Potenzials undenkbar wäre, ist dafür gesorgt, dass die Kollegen einander besser verstehen und individuell einfacher aufeinander zugehen können.

5. Die Umsetzung guter Teamarbeit

Erst wenn Sie ausreichend dafür gesorgt haben, dass Ihre Mitarbeiter offen mit ihren Ideen und Kritikpunkten umgehen und diese einander ohne Scham kommunizieren können, sich in Ihrem Arbeitsumfeld sicher fühlen, gute Beziehungen innerhalb des Teams aufgebaut und genaue Pläne zur Zusammenstellung Ihrer Teams fertiggestellt wurden, sind Sie bereit, Teamarbeit in Ihre Abteilung zu integrieren. Wenn zunächst die Planungsphase abgeschlossen ist, gilt es aber auch, Maßnahmen zu ergreifen, die dafür sorgen, dass Ihre einzelnen Teams auch gemeinsam kompetente Arbeit leisten. Die Umsetzung des Teamworks erfordert drei Grundpfeiler, die optimale Teamarbeit aufweisen sollte, um diese zweckerfüllend und effektiv zu machen. Es liegt an Ihnen – dem Teamleiter –, diese Grundpfeiler nicht nur erfolgreich zu etablieren, sondern auch darauf zu achten, dass diese in der Umsetzung nicht scheitern und zu allen Zeiten aufrechterhalten werden, sodass man sich stets auf sie verlassen kann.

6. Beziehungen im Team stetig stärken

Zwar kennen sich Ihre Teammitglieder mittlerweile, was eine gute, sogar unerlässliche Voraussetzung für Teamwork ist, jedoch soll es bei der Umsetzung von Teamwork um mehr gehen als nur gemeinsames Pizzaessen im Büro. Sie müssen sich dabei stets vor Augen halten, dass insbesondere diese vier bis fünf Kollegen innerhalb eines Teams den Großteil ihres Arbeitslebens der kommenden Wochen und/oder Monate gemeinsam verbringen werden müssen und diese einander daher möglichst in- und auswendig kennen sollten. Zunächst können Sie auf einfache, spielerische Übungen setzen, die nicht nur den Zusammenhalt stärken, sondern auch Vertrauen schaffen.

So lächerlich es sich womöglich anhört, erwachsenen Menschen „Kennenlernspiele“ anzubieten, so effektiv kann sich dies auf ihr Arbeitsverhalten auswirken. Lernen Ihre Mitarbeiter erst einmal, sich auch im kleineren Rahmen solcher Spiele zu vertrauen, ist der Sprung zu Vertrauen in Bezug auf die Kompetenz und Verlässlichkeit des anderen während der Arbeit nicht mehr ganz so groß, wie er ohne vergleichbare Ansätze gewesen wäre. Zudem wird die Hemmschwelle, mit neuen Menschen in Kontakt zu treten, niedriger, wenn man miteinander spielt. Wie Kinder sind auch Erwachsene so in der Lage, offener sowie ohne Vorbehalte sich der anderen Person anzunähern.

Als solche Icebreaker eignen sich diverse Spiele, wie „Mein Leben in Highlights", „Zwei Wahrheiten und eine Lüge" oder „Speeddating". Bei Spielen dieser Art können wir nicht nur einige Fakten über den anderen erfahren, sondern auch sehen, worauf dieser Mensch fokussiert ist, welche Werte ihm wichtig sind und wie er sich gibt, sich gegenüber anderen verhält und wie selbstbewusst dieser Mensch vor uns tatsächlich ist. Diese vielfältigen Einblicke in die Persönlichkeit unserer Kollegen sind essenzielle Indizien dafür, wie wir mit der anderen Person umzugehen haben, und vereinfachen, wenn man sich darauf einlässt, definitiv die ersten Arbeitstage, bevor man „miteinander warmläuft".

Abgesehen davon, dass sie sich freundschaftlich respektieren sollten, ist es essenziell, dass die einzelnen Gruppenmitglieder von den Kompetenzen ihrer Kollegen wissen. Ungeschönt müssen diese die Schwächen und Stärken der anderen kennen, da Sie im Arbeitsleben in möglichst kurzer Zeit zu entscheiden haben, wem welche Aufgabe zugeteilt wird. Dies erreichen Sie am besten, wenn Sie eine ähnliche Taktik anwenden wie zur Mitarbeiterpotenzialanalyse Ihrer Kollegen. Dabei wird eine Stresssituation des Arbeitsfeldes Ihrer Mitarbeiter simuliert und genauestens dokumentiert, auf welche Art und Weise die Mitarbeiter sich dieser stellen. Für eine optimale Gruppenarbeit kann es sinnvoll sein, die Gruppe gemeinsam in eine solche Simulation zu stecken oder zumindest die Ergebnisse innerhalb einer Gruppe zu teilen. Diese Informationen sind nicht nur für den Gruppenleiter relevant, sondern ebenfalls für andere Teammitglieder. Ihre Teammitglieder sind schließlich auch innerhalb ihrer Gruppe dazu bevollmächtigt, Aufgaben hin und her zu tauschen, und sollten in der Lage sein, einzuschätzen, wer eine Aufgabe am schnellsten und zuverlässigsten zu erledigen weiß. Besonders wichtig ist dies, wenn Ihre Teams – was zu empfehlen ist! – möglichst divers aufgestellt sind. Diversität lässt sich in einem Team durch Geschlecht, Religion, Herkunft, Alter oder Sonstiges repräsentieren. Was Diversität aber so effektiv macht, ist der Fakt, dass Menschen ohnehin alle verschieden sind. Menschen aber, die sich in möglichst vielen äußeren Faktoren unterscheiden, zeichnen sich besonders dadurch aus, eine einzigartige Perspektive mitzubringen. Durch dieses unterschiedliche Denken werden somit auch viele unterschiedliche Vorzüge oder Schattenseiten deutlich, welche die Durchsetzung eines Projektes erneut verändern und optimieren können. So entsteht sozusagen eine gesunde Diskussion, bevor eine essenzielle Entscheidung stattfinden kann, weshalb das Endergebnis meist mit noch mehr Qualität überzeugen kann.

7. Gelungene Teamkommunikation

Das eigentlich Knifflige an Kommunikation ist, dass diese teilweise über unterschiedliche Kanäle laufen muss – je nachdem, wann und mit wem man sprechen möchte. Natürlich ist es einfach, mit seinen Teamkollegen zu kommunizieren, vor allem, wenn man diese sehr gut kennt – aber wie sieht das aus, wenn diese gerade nicht da sind und man trotzdem eine Information von ihnen benötigt?

Kommunikation untereinander muss nicht nur zu Arbeitszeiten funktionieren, sondern eventuell auch einmal, wenn einer der Betroffenen nicht zur Stelle ist. Es ist also sehr wichtig, dass Sie und Ihr Team im Vorfeld besprechen, über welche Wege sie miteinander in Kontakt bleiben möchten. Bei einigen funktioniert ein Anruf am besten, aber wenn Sie beispielsweise des Öfteren in Besprechungen sitzen und keine Anrufe entgegennehmen können, sollte sich zuvor bereits auf eine Alternative geeinigt worden sein, damit man nicht im Notfall erst herausfindet, wie man Sie *nicht* erreichen kann … Hierbei kann es nicht nur nützlich sein, sich Kanäle der Kommunikation zu überlegen, wie WhatsApp, E-Mail oder Telefon, sondern auch gewisse Zeiten deutlich zu machen, zu welchen Sie in Ihrer Abwesenheit eindeutig nicht oder vielleicht sehr gut erreichbar sind. Das erspart es Ihnen, Anrufe abzulehnen, während Sie in Meetings sitzen – oder aber stundenlang auf eine Mail zu warten, die vielleicht erst in drei Tagen kommt.

Hierbei sollten Sie nicht scheuen, sich auf moderne Techniken zu verlassen, denn auch, wenn Ihre Mitarbeiter vom Homeoffice aus arbeiten, ist es dank Zoom, Teams und Co. durchaus jedem möglich, sich auch von zu Hause aus in eine Gruppe einzugliedern. Da dies nicht nur Kompetenzen ergänzt, die Mitarbeiter mehr an Ihre Firma bindet und Mitarbeiter ihre Arbeitszeit effektiver und glücklicher nutzen lässt, bleibt dies nach wie vor ein Vorschlag, den Sie schnellstmöglich umsetzen sollten.

Wenn wir schon bei individueller Kommunikation sind: Harmonische Kommunikation zwischen Kollegen muss auch nicht immer aus lieb gemeinten Worten bestehen, sondern kann sich mitunter auch aus ziemlich hart klingenden Aussagen ergeben, schließlich wollen sich nicht alle an Ihre Positive-Formulierung-Politik halten. Es kommt zwischen Menschen öfter einmal zum Streit – insbesondere, wenn sich diese Menschen durch diverse Faktoren unterscheiden und im Stress der Arbeit aufeinandertreffen. Jedoch ist es nicht zwangsweise etwas Schlimmes, Ihre Kollegen sich einmal streiten zu lassen. Solange der

Streit nicht unnötig ausartet, sollten Sie nach Möglichkeit nicht eingreifen und die Teammitglieder den Streit unter sich ausmachen lassen. Auch das gehört zu Kommunikation und ist sehr viel ehrlicher als Geheucheltes – und damit auch produktiver. Am Ende des Streites wird ein Kompromiss gefunden, mit dem sich nicht nur die Teammitglieder anfreunden können, sondern auch eine einzigartige Kombination verschiedener Faktoren entstanden sein, die offenbar nur schwer zu vereinen waren.

Im selben Atemzug können Sie sich bereits darüber Gedanken machen, wann es sinnvoll ist, sich mit den Teams einzeln zu Updates und Fortschrittsrückmeldungen zu treffen. Wie häufig sollten Treffen eingeräumt werden, nur um Fragen zu stellen – oder sind diese unnötig, da Sie stets in der Nähe sind, um Fragen selbst zu beantworten? Wann wird es sinnvoll, das gesamte Team (also Ihre gesamte Abteilung) zusammenzutrommeln, um den Gesamtfortschritt oder Änderungen in der Planung zu besprechen? Diese Fragen lassen sich oft nur nach genauerer Betrachtung des Projektplanes beantworten und müssen gegebenenfalls auch des Häufigeren wieder verändert werden. Wichtig ist es jedoch, immer mindestens einen weiteren Termin festzulegen, um stets auf dem Laufenden gehalten zu werden, was die Arbeit und Ihr Projekt betrifft.

Kommunikation kann und sollte allerdings schon damit beginnen, dass zu Beginn eines Projektes keiner ausgeschlossen ist. Das lässt sich durch einfache Maßnahmen umgehen, indem zum Beispiel alle zusammenkommen, um zu brainstormen und gemeinsam die nächsten Schritte zu planen. Schließlich geht Kommunikation damit weiter, dass sich alle gleichermaßen an der Umsetzung des Projektes beteiligen und zu gleichen Teilen darin eingebunden sind. Zu guter Letzt sollte das Projekt auch gemeinsam fertiggestellt werden – denn ein solcher Erfolg bindet stärker aneinander, als es viele andere Gruppenaktivitäten tun könnten. Dies wird nicht nur die Bindung zu Ihrem Unternehmen stärken, sondern auch den Zusammenhalt innerhalb der Gruppe – was wiederum dazu führt, dass beim nächsten Projekt alles noch glatter läuft als zuvor, da die Teammitglieder einander vertrauen und aufeinander zählen können. Somit geraten Sie in eine Art positiven Teufelskreis, der die positiven Effekte sich selbst in regelmäßigen Abständen wiederholen lässt.

8. Offener Umgang mit Kritik

Wir alle wissen, dass im Leben häufig auch einmal Dinge schiefgehen, die wir für ziemlich einfach und unproblematisch gehalten haben. Aber auch wenn bei Ihren Teams alles stimmt, die Ziele klar definiert sind und auch an Projektplan und Kommunikation nichts auszusetzen ist, ist es nicht zwangsweise der Fall, dass Ihr Projekt von vorne bis hinten traumhaft einfach und fehlerfrei abläuft. Fehler sind menschlich – egal an welcher Ecke sie auch passieren mögen. Manchmal liegen diese auch völlig außerhalb unserer Reichweite. Umso wichtiger ist es, nicht sofort die Geduld oder Hoffnung zu verlieren, sollte man sich doch einmal einem größeren Problem gegenübersehen. Sie sollten – nicht nur obwohl, sondern gerade eben, weil sie Ihren Mitarbeitern vertrauen und Sie diese respektieren – diesen immer offen und ehrlich Ihre Meinung sagen, auch wenn diese mal nicht so positiv ist. Gleichfalls sollten Ihre Mitarbeiter dieselbe Chance erhalten, sich auch einmal über Sie beschweren zu dürfen. Das nimmt viel Druck von Ihnen, Ihren Kollegen und somit auch Ihrer Arbeit. Außerdem kann man, wenn man weniger damit beschäftigt ist, hinterrücks übereinander zu schimpfen, mehr Energie darauf verwenden, eventuelle Fehler „auszubügeln“, um schnell dort weiterzumachen, wo man aufgehört hat. Eventuelle

Krisengespräche sollten Sie jedoch ausschließlich mit dem betroffenen Kollegen oder dem Team allein führen und dies nicht vor allen anderen tun. Am besten wird auch keine große Szene gemacht, wie Sie jemanden ins Büro zitieren, nur um ihn dann heimlich anzuschreien. Am besten läuft eine Kritik wirklich als sachliche Unterhaltung ab und artet nicht unnötig aus, damit beide Seiten ihr positives Arbeitsgefühl behalten und sich eher auf die Zukunft konzentrieren können sowie darauf, die Fehler wiedergutzumachen, anstatt sich unnötig dafür zu schämen.

9. Nachhaltig gutes Teamwork

Auch wenn die Grundpfeiler der optimalen Zusammenarbeit fast schon banal wirken, ist es wichtig, sich diese mitunter erneut ins Gedächtnis zu führen, um garantieren zu können, dass in Ihrem Arbeitsalltag keine solcher Zwischenfälle Ihre Zeitpläne zu verschieben drohen. Wenn Sie erst all diese Kleinigkeiten eingehend beachtet haben, liegt es an Ihnen, die guten Arbeitsbeziehungen Ihrer Kollegen zu pflegen und so weit zu unterstützen, wie es Ihnen möglich ist. Als Teamleiter bleiben Ihnen dazu zwar weniger zwischenmenschliche Taktiken (schließlich können Sie sich nicht *für* Ihre Kollegen gut miteinander verstehen), sondern eher Taktiken der allgemeinen Motivation und Arbeitsorganisation übrig, die Sie verwenden können, um Ihre Teams stets einsatzbereit und bei guter Laune halten zu können.

10. Die perfekte Verteilung der Arbeitspakete

Vor allem, wenn die Teams noch neu und Sie noch nicht hundertprozentig auf diese eingestimmt sind, kann es immer wieder einmal vorkommen, dass Sie sich verschätzen oder verplanen, was den Umfang, den Inhalt oder die Anzahl an zu delegierenden Aufgaben betrifft. Zunächst einmal ist es essenziell, dass Sie stets Unterlagen in Ihrer Nähe haben, anhand derer Sie überprüfen können, welches Ihrer Teams am geeignetsten ist für die Aufgabe, die Sie gerade vergeben möchten. Auch hierbei sollten die Ergebnisse der Mitarbeiterpotenzialanalysen eine wichtige, wenn nicht sogar die wichtigste Rolle spielen. Vor allem wenn nicht alle Teams für dieselben Aufgaben qualifiziert sind, kann dies bedeutend sein. Wenn Sie das favorisierte Team bereits mit einer Aufgabe betraut haben, kann es sich lohnen, diese Analysepapiere erneut zu konsultieren, um sich sicher für das zweitbest-geeignetste Team zu entscheiden. Aber auch abgesehen von der Art der Aufgabe, die Sie gedenken, weiterzureichen, sollten Sie sich überlegen, wie viele Aufgaben Sie jedem Team jeweils vergeben können, ohne es zu überlasten und welchen Arbeitsumfang diese Aufgaben haben dürfen. Bedenken Sie dabei Ihr eigenes Arbeitspensum, oder versuchen Sie, anhand der Unterteilung in Unteraufgaben und täglich vorgeschlagenen drei bis fünf Teilaufgaben pro Tag zu überlegen, bis wann es realistisch ist, dass Ihr Team die Aufgaben bewältigen kann und ob Ihnen diese Zeit ausreicht oder Sie eventuell doch eine Alternative suchen müssen.

11. Wie Sie erfolgreich Feedback geben

Da wir auf diesen Punkt bereits eingegangen sind, bleibt hierzu lediglich zu sagen, dass Sie die Erfolge Ihrer Teams und Ihres gesamten Abteils gleichsam feiern sollten und darauf achten müssen, dass Ihre Strategien sich mit jenen der allgemeinen Motivations- und Effizienzsteigerung sowie jenen der Zielerreichung decken, damit Sie auch langfristig weiterhin Erfolge zu feiern haben. Selbstredend können Sie die Größe der Belohnungen oder den Umfang des Feedbacks an die jeweilige Situation anpassen – nur sollten Sie sich regelmäßig daran erinnern, dass nette Gesten Ihr Arbeitsumfeld wesentlich formen und zum Besseren verändern können.

Somit müssen Belohnungen nicht immer eine Reise für zwei oder gleich ein Firmenwagen sein. Sie können auch einfach Snacks verteilen, wenn Sie wissen, dass Ihre Kollegen einen schweren Arbeitstag zu bestreiten haben. Wie bei Freunden erreichen Sie auch hier die besten Ergebnisse, wenn Sie ehrlich bleiben und wahres Interesse an Ihren Kollegen zeigen. Allerdings muss es nicht immer zwangsweise nur der Vorgesetzte sein, der das Team belohnt. Es gibt auch eine zweite Möglichkeit, wie Sie Belohnungen in Ihre Teamarbeit integrieren können – oder besser gesagt integrieren lassen können. Da Sie schließlich nicht beim gesamten Arbeitsprozess dabei sein konnten – anders als die Teammitglieder selbst –, scheint es doch wohl nur fair, wenn sich die Teammitglieder gegenseitig belohnen können. Das ergibt nicht nur einen zusätzlichen Spaßfaktor, der die zwischenmenschlichen Bindungen zwischen den Kollegen stärkt, sondern entlastet Sie auch davon, alle Ihre Kollegen mit besonderen Überraschungen beglücken zu müssen. So können die Kollegen gemeinsam ihre Erfolge feiern und sich über kleine, aber herzliche Geschenke freuen und so die wortwörtlichen Früchte Ihrer Arbeit genießen. Lassen Sie sich dadurch aber nicht davon abbringen, bei wirklich guter Arbeit trotzdem eine Kleinigkeit für Ihre Kollegen bereitzuhalten.

12. Wieso Teamwork nicht alles ist

Allerdings sollte ein Arbeitsteam von niemandem als lebenslange Knechtschaft gesehen werden. Im Gegenteil kann es sich sogar sehr erfrischend für die Mitarbeiter wie auch für das Ergebnis der Arbeit auswirken, wenn sich die Teams mitunter auflösen und verändern und neue Mitarbeiter die Chance haben, andere auf diese Art kennenzulernen und miteinander zu arbeiten. Auch wenn es manchmal schwer ist, ein Konzept fallen zu lassen, das in den vergangenen Wochen und Monaten besonders gut funktioniert hat, heißt das nicht, dass nicht womöglich ein anderes Konzept ebenso gut, wenn nicht sogar besser funktioniert.

Ihr Team sollte diesen Zyklus also immer und immer wieder in kleineren und stetig neu gemixten Unterkonstellationen durchlaufen. Diesbezüglich gibt es fünf grobe Phasen, die Ihre Teams zwangsweise durchlaufen und die Ihre Mitarbeiter auch nach Terminierung der Gruppenarbeit stärker aneinanderbinden, als es normale Unterhaltungen im Pausenraum je könnten. Dabei handelt es sich um die Vorbereitungsphase (die allerdings eher auf Ihrer Seite geschieht als auf jener Ihrer Mitarbeiter), um eine Kennenlernphase, die Koordinations-, Arbeits- und Terminierungsphase. Die Planungsphase, in der die Zusammenstellung von neuen Teams ausgeknobelt wird, ist eher für Sie gedacht, um herauszufinden, welche Kombination an Stärken, Kompetenzen und Expertise Sie für dieses bestimmte Projekt benötigen und dementsprechend einige Mitarbeiter zusammenzugruppieren. Darauf folgt die „Kennenlernphase“, die nicht etwa dazu dient, dass die Mitarbeiter sich kennenlernen – denn nach Möglichkeit tun sie das ja schließlich schon. Diese Phase dient eher dazu, dass die Kollegen einander aus professioneller Sicht weit genug kennen- und vertrauen lernen, dass sie die Arbeitsweise und die Kompetenzen ihrer Mitarbeiter einschätzen können. Der nächste Schritt ist die erste Koordination der gemeinsamen Teamarbeit durch das Lösen einer simplen Testaufgabe und somit das Aufeinander-Abstimmen, was Kommunikation, Kompetenzen und auch das Arbeitstempo betrifft. In dieser Phase sollten auch die feinen Nuancen der Hierarchie innerhalb der einzelnen Teams geklärt werden. Wichtig ist, dass diese Teamleiter nicht etwa ein höheres Stimmrecht erhalten als ihre Kollegen. Die Teamleiter sind schließlich lediglich zur Kommunikation mit Ihnen und zur Verteilung der Aufgaben als solche benannt. Innerhalb des Teams müssen wichtige Entscheidungen zu jeder Zeit zwingend gemeinsam stattfinden, und jeder sollte dabei gleichsam zu Wort kommen. Anschließend folgt die Arbeitsphase, in der das Team verweilt, bis das Projekt seine Vollendung findet, woraufhin die Termination des Teams folgen sollte. Haben Sie einige Projekte auf diese Weise bestritten, wird Ihnen auffallen, welche Teams und Konstellationen einander besonders gut und effektiv ergänzen, welche Mitarbeiter für welchen Typ von Aufgaben prädestiniert scheinen und welche Kombinationen sich eher als Reinfall herausgestellt haben. Folglich kann es durchaus sein, dass nach einer gewissen Zeit einige Teams gebildet sind, die besser geeignet scheinen als Neukonstellationen, da diese bereits aufeinander eingestimmt sind, sich einander nicht nur fachlich ergänzen, sondern auch persönlich gut verstehen und die Arbeitszeit so höchst produktiv bewältigen können. Sie müssen den Bedarf an neuer Gruppenbildung selbst entscheiden. Trotz alledem kann es aber vorkommen, dass einige Projekte die Bildung neuer Gruppen erfordern. Sie sollten für diese Neuerungen ebenso offen sein wie Ihre Kollegen. Nur so wird Ihnen Teamarbeit nicht nur über ein, sondern über alle Ihre folgenden Projekte hinweg als eine verlässliche Stütze und effektive Strategie behilflich sein können.

13. Erfolg durch vorlebende Managementstrukturen

Was ist am wichtigsten, wenn Sie als Führungskraft ernst genommen werden wollen? Es ist nicht immer zwangsweise, wie schnell und effizient Sie Ihre Ziele erreichen. Zwar haben solche Statistiken und Zahlen keinen geringen Einfluss auf Ihre weitere Karriere, sie allein sind aber nicht alles, was zählt, und vor allem nicht alles, was uns ausmacht. Denn all solche Dinge wie Erfolg und Anerkennung folgen – wie so häufig – erst nach einer ganzen Menge Arbeit. Das gilt auch für die hier besprochenen Strategien, um Ihre Mitarbeiter zu motivieren und Ihre Ziele schnell zu erreichen. Bestimmt werden Sie nicht erfolglos bleiben, wenn Sie ein arroganter Filmboss sind, der seine Mitarbeiter nicht beim Namen, sondern bei eigens für sie angelegten Schimpfnamen nennt – aber ist das wirklich der Chef, der Sie selbst zu besserer Arbeit antreiben würde? Übertrieben natürlich, denn so benimmt sich in Wahrheit kaum ein Mensch, aber oft doch ähnlich. Oft haben Führungskräfte Ansprüche an Ihre Mitarbeiter, die sie selbst nicht einhalten könnten, und wirken so dauerhaft gereizt. Wieder andere haben ungefähr die Autorität eines Schulmädchens und wissen nicht so recht, wie sie sich Gehör verschaffen können.

Führungstalent beginnt aber nicht bei einer Beförderung oder mit einer Bewerbung auf eine Managementposition, sondern damit, dass man selbst bereit ist, Verantwortung zu übernehmen. Und damit ist nicht nur gemeint, dass man Verantwortung für die Arbeit seiner Kollegen übernehmen und Produkte weiterreichen kann, die diese entwickelt haben – oder dass man stundenlang Strategien entwickelt, wie man Kollegen dazu bringt, sich selbst für diesen Job zu motivieren, sondern dass man Verantwortung für sein eigenes Handeln übernehmen kann. Fehler einzugestehen, jeden Tag zur Arbeit zu gehen und von Neuem sein Bestes zu geben und dadurch andere zu inspirieren, das Gleiche zu tun – das sind die Eigenschaften, die Manager von wahren Vorbildern unterscheiden.

Egal wie viele motivierende und emotional bewegende Reden Sie auch schwingen werden, was Sie im Endeffekt glaubwürdig oder zur Witzfigur macht, sind allein Ihre Taten: Ihr Verhalten in den Momenten, in denen Sie keine Reden schwingen oder sich unbeobachtet fühlen. Zeigen Sie Ihren Mitarbeitern, dass Sie diese Stelle nicht geschenkt bekommen haben – denn so verdienen Sie sich auch den Respekt Ihrer Kollegen und es wird weitaus einfacher, gemeinsam zu arbeiten. Versuchen Sie auch, hohe Ansprüche an Ihr Team zu haben, solange diese nicht unmöglich zu erreichen sind. Möchten Sie aber ein Team leiten, das sich durch hohe Selbstansprüche auszeichnet? Dann seien Sie selbst auch ein Teil dieses Teams – und leben Sie die Ansprüche vor! Legen Sie, wenn möglich, die Latte für sich selbst noch ein Stück höher als für Ihre Kollegen. Diese Bemühungen werden weder an Ihren Mitarbeitern noch an Ihren Vorgesetzten vorbeigehen. Ihre Mitarbeiter werden sich sehr von Ihnen inspiriert fühlen, denn schließlich zeigen Sie ihnen den Weg, wie sie selbst auch die Karriereleiter hochsteigen können, wenn sie das denn wollen – und das, ohne unauthentisch zu werden.

Wenn es Ihnen dabei außerdem gelingt, am Boden der Tatsachen zu bleiben, und sich freundlich und als Teil des Teams geben, ohne heraushängen zu lassen, dass Sie technisch eine höhere Position bekleiden als der Rest Ihres Teams, werden Sie alle Mitarbeiter auf Ihrer Seite haben und Ihre Verbundenheit wiederum in deren Arbeit spüren können. Seien Sie sich daher auch nicht zu schade, mitunter fachspezifisches Know-how zu teilen, das Sie durch Ihre Erfahrungen oder bestimmte Lehrgänge erfahren haben. Bald schon werden Sie bemerken, dass Ihre Kollegen Ihnen vermehrt nachzueifern versuchen. Es entwickelt sich eine Art Stolz im Team, zu Ihnen zu gehören und sich vom Rest abzugrenzen – durch ein von Ihnen geprägtes Verhalten, das sich Ihre Kollegen von Ihnen abschauen. Nicht nur sind Sie selbst jetzt viel produktiver und fühlen sich wohl und respektiert an Ihrem Arbeitsplatz, stattdessen sind Sie von nun an auch direkt dazu in der Lage, die Effizienz Ihres Teams zu steuern. Da Sie die Mitarbeiter zu eigenem intrinsischem Antrieb gebracht haben, können Sie bald beobachten, wie alle gewünschten Effekte – wie Anerkennung von Ihren eigenen Vorgesetzten oder von Kunden – sowie weitere positive Einflüsse auf Ihre Karriere folgen.

SCHLUSSWORT

Liebe Lesende,

damit sind Sie auch schon am Ende des zweiten Bandes unseres Ratgebers zur allgemeinen Zielsetzung und zu Strategien zur Umsetzung dieser Ziele angelangt. Sie haben unter anderem detailliert gelernt, wie Sie Ihre Ziele SMART formulieren müssen, um allein dadurch Ihrem Ziel bereits deutlich näherzukommen, und haben erfahren, auf welche Stolpersteine Sie dabei womöglich stoßen.

Sie wissen nach dieser Lektüre nicht nur, worauf Sie achten müssen, damit Ihre Ziele keine Wolkenschlösser bleiben, sondern vor allem, wie Sie diese Strategien auf eine Vielzahl von Menschen gleichzeitig anwenden können, damit diese nicht nur die Zielformulierungen, sondern auch die damit verbundenen Aktions- und Projektpläne mit Leichtigkeit aufnehmen und umsetzen können. Dabei haben wir uns intensiv mit der SMART-Methode der Zielformulierung befasst und danach noch weitere Strategien der Zielsetzung betrachtet. Zudem machten wir uns damit vertraut, wie man die Zielsetzung mit bereits erlernten Methoden der Motivations- und Effizienzsteigerung kombinieren kann, um seine Ziele dem Team zu kommunizieren und schneller zu erreichen.

Was Sie durch das Lesens dieses Buches aber hoffentlich vorrangig mitnehmen konnten, ist das Wissen darum, dass in Ihrem Arbeitsleben jedes Projekt und jedes Ziel mit Ihrem Team steht und fällt. So ist es unabdingbar, dass ein zwischenmenschliches Band zwischen Ihnen und Ihren Kollegen sowie den Mitarbeitern untereinander etabliert wird, um eine optimale Zusammenarbeit anstreben zu können. Auch in Ihrer Zielsetzung sollte sich diese Priorität widerspiegeln. Ihre Ziele müssen klar definiert sein und keinen Raum für freie Interpretationen lassen, damit Ihr gesamtes Team an einem Strang ziehen und das Ziel so schnell wie möglich realisieren kann.

Dazu muss das Team von Ihnen allerdings gekonnt geführt und angeleitet werden, damit jeder Mitarbeiter – durch Sie motiviert und inspiriert – das Beste aus sich herausholen und konzentriert bei der Arbeit bleiben kann.

Auch dazu wurden Ihnen einige Strategien aufgezeigt – ebenfalls zu dem Thema, wie Sie Ihre Mitarbeiter effizient zu Arbeitsgruppen zusammensetzen können. Einige Teamleiter sträuben sich jedoch noch immer vor der Erschaffung einzelner Arbeitsgruppen. Sie befürchten nämlich, dass diese veränderte Dynamik ihren Arbeitsplatz verpfuscht oder schlimmstenfalls sogar dafür sorgt, dass die Mitarbeiter nicht mehr effizient genug arbeiten, nicht mehr in der Lage sind, selbstständig ihre individuellen Aufgaben zu erledigen, und die Arbeitszeit somit mehr mit Plaudern als wirklichem Arbeiten verbringen. Hoffentlich konnten Sie anhand der vorgeschlagenen Methoden dieses Ratgebers sehen, dass solche Ängste völlig unbegründet sind und Ihnen lediglich im Weg stehen, Ihr Team zu größerer und wichtigerer Stellung innerhalb Ihrer Firma heranwachsen zu lassen – und Sie es Ihren Kollegen ebenso wie sich selbst damit verwehren, Wachstumsmöglichkeiten zu nutzen.

Wie Sie ebenfalls lesen konnten, sind Sie selbst noch immer der größte Einfluss auf Ihr Team und dessen Verhalten am Arbeitsplatz. Dies zeigt sich bereits allein durch die Art, wie Sie tagtäglich auf der Arbeit erscheinen und welche Werte Sie für sich und Ihr Team priorisieren. So erschaffen Sie eine Identität für Ihr Team und legen den Grundstein zu jenem Verhalten, das Ihre Kollegen Ihnen von nun an entgegenbringen werden. Sie haben erlernt, wie Sie sich Respekt verdienen und auch, wie Sie diesen nutzen können, um Ihre Kollegen zu ihren Höchstleistungen zu motivieren – wodurch Sie ihnen auch direkt eine Möglichkeit zu einem eigenen Karrieresprung gegeben haben.

Auch wissen Sie nun, mit welchen Strategien Sie ein Ziel bombensicher und nach Plan erreichen können. Und Sie sollten auch bei der praktischen Umsetzung der Strategien und Methoden, die in diesem Ratgeber erläutert wurden, keinerlei Schwierigkeiten mehr haben und in der Lage sein, diese Taktiken automatisch in Ihre Planung einfließen zu lassen.

Damit sind Sie bestens ausgerüstet, um das nächste Projekt, das auf Ihrem Schreibtisch landet, schnell und sicher fertigzustellen. Da Sie nun sämtliche Taktiken kennen, die denkbar notwendig wären, um einem Team – beziehungsweise einer Führungskraft als deren Leiter – zum Erfolg zu verhelfen, müssen Sie sich keinerlei Sorgen mehr machen und können sofort durchstarten. Zudem können Sie sich darauf verlassen, dass Sie und Ihr Team nach Integration der hier vorgeschlagenen Strategien allmählich zu einem produktiven Ganzen zusammenwachsen und in der Lage sind, stärker und effizienter denn je zu arbeiten.

So bleibt es uns nur noch übrig, Ihnen auch in Zukunft weiterhin Spaß und gutes Gelingen bei der Arbeit zu wünschen. Viel Erfolg bei all Ihren weiteren Projekten, die Sie nun zweifelsohne schneller und zielsicherer erreichen werden als noch vor ein paar Tagen!

Printed in Poland
by Amazon Fulfillment
Poland Sp. z o.o., Wrocław

15095608R00067